百年旧梦

One Hundred Years of China Dreams

by Zhi Xiaomin

智效民 著

壹嘉出版
1 Plus Books

One Hundred Years of China Dreams
Copyright ©2017 by ZHI Xiaomin
Publishied in the United States
by 1 Plus Publishing & Consulting
San Francisco, USA

ISBN-10: 0-9985199-0-1
ISBN-13: 978-0-9985199-0-6

All Rights Reserved

百年旧梦 智效民 著
本书由智效民授权壹嘉出版/1 Plus Books
在中国大陆以外地区独家出版。
所有权利保留

书名：百年旧梦
作者：智效民
出版人：刘雁
装帧设计：壹嘉出版
开本：6"×9"
定价：US$ 19.99
出版：壹嘉出版
网址：http://www.1plusbooks.com
电邮：1plus@1plusbooks.com
美国·旧金山·2017

目 录

关于梦想的历史记忆——《百年旧梦》自序 /1

辑一 自由之梦

胡适的"中国梦" /12

徐志摩与火烧晨报馆事件 /15

胡适与一个未能问世的刊物 /19

王云五在国民参政会上的发言 /23

《世纪评论》与1947年的中国政治 /29

由奥巴马想到潘光旦 /44

《新民报》"永久停刊"始末 /48

张季鸾办报秘诀 /51

英敛之与傅斯年的忘年交 /54

施蛰存的足迹 /57

陆铿与六十多年前的一起贪腐大案 /60

辑二　教育之梦

徐志摩心目中的理想教育 /66

傅斯年的教育理想（附：傅斯年反对读经）/69

胡适论书院教育 /77

陈寅恪是否获得过学位？/80

傅斯年留学不要学位 /84

潘光旦谈大学管理的两个原则（附：潘光旦晚年心愿）/87

梅贻琦谈体育精神 /92

罗家伦与清华大学图书馆 /96

严济慈和他的老师 /100

叶圣陶笔下的胡适 /103

吴大猷谈通才教育 /106

胡适自治日记的启示 /117

经亨颐与人格教育 /122

辑三　宪政之梦

丁文江：知识分子关心政治的榜样 /130

熊希龄：投身政治改革的典范 /134

常燕生解读自由主义（附：走出山西的常燕生）/138

萧公权、张奚若论政府本质 /145

左舜生谈官僚的三大特点 /148

南京政府的铁道部长顾孟余 /151
杜月笙担任中国红十字会副会长的启示 /154
冯玉祥为什么不能"向西去"？/158
李四光和中国第一支小提琴乐曲 /162
曹汝霖回忆五四运动 /165
盛世才统治新疆始末 /169
韩钧死亡之谜 /195

辑四　寻路之梦

胡适的一生以及他对五四运动的评价 /200
李大钊之死的幕后故事 /217
刘仁静的一声叹息 /221
胡适批评蒋介石的"新生活运动" /224
张学良与"九·一八事变"（附：张学良的保险箱）/227
中国知识分子与"九·一八"事变 /239
蒋廷黻与西安事变（附：蒋廷黻的告别演说）/254
中国人权运动的历史教训 /261
王芸生与毛泽东 /266
侯外庐与晏阳初 /272
1947年前后的民生问题 /275

关于梦想的历史记忆

——《百年旧梦》自序

一

在我的记忆中,好像此生始终生活在一个与时俱进的梦想之中,以至于让我常常分不清是梦是幻、是睡是醒。如今我已经进入古稀之年,借此机会把这些梦想梳理一下,或许能看出某些玄机、发现一点奥妙?

记得早在1952年上小学的时候,就听大人们说"苏联人吃的是牛奶面包,住的是楼上楼下,用的是电灯电话。"因此"苏联的今天,就是我们的明天",便成了那个时代的"中国梦"。谁知没过几年,苏联专家就纷纷撤离;又过了几年,中苏论战开始,原来"兄弟般的友谊"变成了势不两立的仇敌。

1958年上了中学以后,"人民公社是金桥,共产主义是天堂",又成了整个社会的"中国梦"。与此同时,为了实现"超英赶美"和年产1800万吨钢铁的"宏伟目标",学生不上课,农民不收秋,市民们砸铁锅、建高炉、住宿舍、吃食堂,完全牺牲了个人生活。谁知没过几天,食堂的饭菜变成了大锅清水汤,炼出的钢铁也根本不能使用。紧接着,一场前所未有的大饥荒席卷全国,饿死的人不计其数。

进入60年代以后,伟大领袖发出"千万不要忘记阶级斗争"的号召,我在高考时因为"家庭出身问题"被大学拒之门外。为了消除自己身上的"阶级烙印",我怀揣"上山下乡炼红心、争当革命接班人"的梦想,于1964年主动下乡插队。文革开始以后,我看到许多流传出来的内部文件,才知道上山下乡根本不是培养接班人的百年大业,而是为了缓解就业压力的权宜之计。在一种上当受骗的感觉袭上心头之后,我开始从梦境中惊醒,并开始思考一个国家为什么会是这样。

文革开始时我还在农村插队,生产队的高音喇叭整天播放毛泽东接见红卫兵的录音新闻。生产队有两个饲养员,都是一贫如洗的老雇农。按理说我是来接受他们再教育的,但是每当二人听到喇叭里传来"毛主席万岁!祝毛主席万寿无疆!"的呼喊声时,就会在喂牲口的时候低声念叨着什么。一开始我以为是他们是和牲口说话,后来出于好奇凑过去一听,才知道他们在诅咒:"万岁,万岁,能不死吗?"在那个年代,这是要判死罪的,所以我非常吃惊。

熟悉以后,我问他们为什么会如此贫穷,连媳妇都没讨到?他们说是因为自己年轻的时候抽大烟不争气,所以才落到如此地步。他们的情感和语言从根本上动摇了我从小接受的教育,并开始对阶级斗争论和历史决定论产生怀疑。后来,我通过各种渠道读了许多禁书,再加上从小就有阅读《参考消息》的条件和习惯,所以对两报一刊非常反感,觉得它们的宣传不是骗子说谎就是痴人说梦。

文革结束前后,"在本世纪内实现四个现代化"又成了举国上下的梦想。但是到了"本世纪"结束的时候,人们却被"跨世纪"的争论和"世纪末"的传闻所忽悠,唯独忘了"四个现代化"的承诺。

二

进入21世纪以后,最早将"梦想"当作大众话题的大概是一档选秀节目。2004年,CCTV经济频道为了改变"非常6+1"收视率的低迷状况,推出了一个名叫"梦想中国"的栏目。据有关编导介绍,这是一档以梦想为概念、以时尚为手段,"帮助普通老百姓实现明星梦"的大型文艺类节目。在一个娱乐至上的时代,"梦想"与"选秀"的结合,似乎可以为执着于文艺的青年男女提供一个改变现状甚至是一夜成名的机会。后来,许多电视台都纷纷推出"梦想秀"或"中国梦"的电视节目。这些节目或邀大牌明星或引进国外模式,吸引着广大观众的眼球。

然而,在一个以权谋私甚器尘上、金钱铺路不足为奇的社会,在教育、住房、医疗这"三座大山"压得人喘不过气来的时代,有谁知道那些"成功"的路上,有多少竞争的辛酸、拼搏的痛楚和家长的血汗钱呢?在这条路上,又有多少不顾自身条件而误入迷途、屡败屡战、甚至是撞了南墙也不回头的追梦人呢?总之,当人们纷纷放弃普通平凡的生活,而把出人头地、高人一等当作自己的梦想时,就很容易造就一个病态的社会。

2012年11月,也就是中共第十八次全国代表大会闭幕不久,新一届中共中央领导集体前往国家博物馆参观大型历史题材展览《复兴之路》。参观结束以后,刚上任的习近平总书记在接受记者采访时说:"现在大家都在讨论中国梦,我以为,实现中华民族的伟大复兴,就是中华民族近代以来最伟大的梦想。这个梦想,凝聚了几代中国人的夙愿,体现了中华民族和中国人民的整体利益,是每一个中华儿女的共同期盼。"从此,"中国梦"进入官方话语体系,成为主流媒体热议的一个话题。

如前所述,回想这大半辈子的经历,虽然一直被梦想包围,但是这一个又一个梦想始终未能实现。这一次结果如何,我将拭目以待。

三

其实自鸦片战争以来,中华民族在不同的历史阶段都有不同的梦想,或者说不同的"中国梦"。比如洋务派的梦想是通过学习西方的先进技术,来达到强兵富国的目的,从而维护大清王朝的一统天下。没想到经过30多年的努力,这一梦想在中日甲午战争中被彻底粉碎。

洋务运动失败以后,人们开始认识到在西方技术的背后,还有个政治制度的问题。所以康有为和梁启超的梦想是通过变法来建立君主立宪的政治体制。这种认识在中国历史上还是第一次。然而,这次变法虽然得到光绪皇帝的支持,却被已经退休的慈禧太后镇压了。因为这件事发生的1898年是中国戊戌年,又因为变法仅仅维持了103天,所以历史上称之为戊戌变法或百日维新。

戊戌变法虽然失败了,但是社会进步和历史变革的潮流已经不可阻挡。于是,清王朝在世纪末经历了义和团运动和八国联军的打击之后,不得不在20世纪开始的时候推行新政。清末新政开始以后,中国人纷纷出国留学,寻求救国之道。在此期间,日本因为"路程近、费用少、同文同种"等原因,成为人们出国留学的首选。到了1907年,中国赴日本留学的人数超过5万,从而形成中国历史上第一个蔚为壮观的留学热潮。

有鉴于此,美国有识之士提出了把庚子赔款用于人才培养的建议。经过反复协商,中国政府从1909年开始选送优秀学子赴美留学。这些人学成回国后进入教育、科技、工商、政治、外交等领域,为中华民族的崛起作出巨大贡献。有人统计,在1948年中央研究院81位当选的院士中,清华出身的就有29人,其中包括梅贻琦、胡适、竺可桢等人,而清华大学的前身就是专门为留学美国成立的游美肄业馆。

需要指出的是，因为日本是在学习西方以后才强大起来的，所以东游日本的中国人在那里只能得到第二手经验，不容易"取得真经"。此外，由于环境的影响、知识的欠缺和人格的局限，这批人在思想上具有独断性、政治上具有革命性、行动上具有破坏性。比如学界的陈独秀、李大钊和周树人，政界的蒋介石、汪精卫和阎锡山，基本上都是这样。相比之下，以庚款留学生为主体的那些知识分子，则因为他们对科学、自由、民主、宪政的理解，在人格上更有独立性，在学术上更有开创性，在政治上更有建设性。

四

话说回来，到了1911年，已经有二百多年历史的大清王朝终于在辛亥革命中轰然垮台。从此，中国结束了两千多年的帝制，进入了实现复兴中华伟大梦想的新时代。当时的许多革命组织，比如兴中会、光复会就有这层含义。有趣的是，在大清王朝垮台以后，新生的国家该取个什么名字，却成了摆在人们面前的一个难题。

据说早在辛亥革命之前，章太炎和孙中山就考虑到这个问题。章从历史文化的角度，认为新的国号不能没有"中华"二字；孙中山则从民主共和的角度，指出新国号的核心内容是一个"民"字。因此以"中华民国"（简称中国）为新的国号，就成了顺理成章的事情。

由于历史的惯性，中国民国在成立之初仍然是一个缺乏独立人格的顺民社会。当时正在美国留学的胡适认为，要想改变这种状况，就需要来一次涉及全社会的文学革命和思想革命。所谓文学革命，就是用白话文代替文言文，以改变中国文化被少数人垄断的状况；所谓思想革命，则是普及民主、科学等社会理念。五四新文化运动，就是在这种背景下兴起的。

对于五四运动，孙中山有很高的评价。1920年1月，他就在写给海外同志的信中指出："此种新文化运动在我国今日诚思想界空前之大变动。"后来胡适在论及五四运动时也说："孙中山先生的评判是很正确很公允的。五四运动在两个月之中，轰动了全国的青年，解放了全国青年的思想，把白话文变成了全国青年达意表情的新工具，使多数青年感觉用文字来自由发表思想感情不是一件困难的事"。这说明，只有在五四运动以后，中国才开始进入一个言论自由、梦想飞扬、人才辈出的时代。

五

为什么这样说呢？因为从1919年五四运动到1949年国民政府播迁台湾，只有30年时间。在这短短30年间，中国还经历了三次大规模的内战和长达八年之久的抗战。但是就在这短短的30年之间，中国在政治、文化、科学、教育、新闻等领域涌现出无数的大师级人物。相比之下，从1949年中华人民共和国成立到现在已经60多年了，却没有培养出什么像样的人才。所以我认为，五四新文化运动开启了中华民族伟大复兴的黄金时代。

不幸的是，就在五四运动开始的时候，俄国爆发了震惊世界的十月革命。十月革命之后，布尔什维克在制宪会议选举中落败，于是列宁调动军队进入首都彼得格勒，要强行解散制宪会议。为了支持制宪会议，数万名的群众举行了游行。在这种情况下，列宁居然命令军队向手无寸铁的示威群众开枪，制造了骇人听闻的流血事件。随后，他又派军队强行解散合法的制宪会议，并宣布苏维埃代表大会为俄国最高立法机构。

为此，高尔基写下《1月9日与1月5日》，愤怒谴责布尔什维克的暴虐行径。文章说：这是用"来复枪驱散了近百年来俄国最优秀分子为之奋斗的梦想"。从此，俄国进入人类历史上从未有过的苏维埃时代。

随后，列宁创建了共产国际并派代表来到中国，与李大钊、张太雷、陈独秀等人取得联系。于是在五四运动以后，我们这个民族面临着两种选择：一是以欧美先进国家为榜样，走自由、民主、宪政的道路；二是"走俄国人的路"，建立一个毫不宽容的苏维埃制度。

六

为了这两种选择，国共两党分分合合若干次，打打杀杀数十年。直到抗日战争即将胜利，中华民国跻身于世界四大强国之列并成为联合国五大常任理事国之一的时候，实现中华民族伟大复兴的梦想才重新看到希望。但是在抗战胜利以后，国共两党又重开内战，结果是蒋介石领导的数百万国军出人意料地败在了共军手下。

1949年9月21日，由中共领导的中国人民政治协商会议第一次全体大会在北平开幕，为即将诞生的新政权做准备。据张元济日记记载，到了9月26日，周恩来向与会的部分民主人士通报说：经过反复讨论，大家在新中国的国号问题上形成两种意见：一种意见认为应该在"中华人民共和国"后面加个括号，里面写上"中华民国"四字，以示"勿忘创始革命之绩"；另一种意见认为这种做法过于累赘，应该将括号删掉。当周恩来介绍第二种意见之后，"何香凝起而抗议，邵力之和黄炎培则折衷其说，谓可暂留。……沈衡山则言去此四字并无忽视辛亥革命之意。于是周恩来取其说作为结论。"沈衡山就是民盟领导人沈钧儒，此人与周恩来关系非比寻常，以至于在新中国成立以后，二人又结下联姻之谊。

这个故事告诉我们，中华民国具有推翻帝制、开创历史的功绩，而中华人民共和国乃是它的延续。难怪1983年邓小平在会见美籍华人杨力宇时，曾经有过"如果能够统一，国号可以改"的承诺。

七

写到这里，我想起多年前刘仰东先生编过一本书，名叫《梦想的中国》。书中介绍了80年前一件有趣的往事。

1932年年底，《东方杂志》以《梦想的中国》和《梦想的个人生活》为题，发起一场大规模的征文活动。参加这一活动的有柳亚子、罗文干、章乃器、陈立夫、张君劢、张申府、梁漱溟、杨杏佛、冯自由、马相伯、陶孟和、周作人、顾颉刚、俞平伯、马寅初、杭立武、王造时、林语堂、巴金、谢冰莹、朱自清、叶圣陶、俞达夫、茅盾、老舍、丰子恺、穆藕初等130多位著名学者和社会名流。据说面对这样一个活动，应征者都能畅所欲言，各抒己见。其中"有甜梦，又有苦梦；有好梦，又有恶梦；有吉梦，又有噩梦；有奇梦，又有妖梦；有夜梦，又有白日梦"。为了与大家一起分享这次活动的风采以及大家对"梦想"的看法，不妨摘录其中几段。

茅盾说："对中国的将来，我从来不作梦想；我只在努力认识现实。梦想是危险的。这年头儿，存着如何如何梦想的人，若非冷静到没有气，便难免要自杀。"

巴金说："在现在的这种环境中，我连做梦也没有好的梦做，而且我也不能够拿梦来欺骗自己。'在这漫长的冬夜里'，我只感到冷，觉得饿，我只听见许多许多人的哭声。这些只能够使我做噩梦。"

老舍说:"我对中国将来的希望不大,在梦里也不常见着玫瑰色的国家。即使偶得一梦,甚是吉祥,也没有信梦的迷信。至于白天作梦,幻想天国降临,既不治自己的肚子饿,更无益于同胞李四或张三。"

著名社会学家陶孟和说:"梦想是人类最危险的东西。……舒适的梦可以做烦闷的人的安慰,但于他的实际生命有何益处?"

茅盾、陶孟和分别是左翼知识分子和自由知识分子的代表性人物。但是从他们对这个问题的认识却非常一致。

八

多年前,因为有感于教育沉沦、学术腐败、人格扭曲、社会堕落,我开始研究民国年间的大学校长和以胡适为代表的自由知识分子。时间一长,我发现在教育独立、学术自由的背后,有一种制度性的保障。因此我根据能够接触的一些资料,又写了一些涉及这些问题的文章。如今把这些文章结集成册,经过与编辑反复磋商,决定用"民国旧梦"这样一个书名。

从字面上看,所谓"民国梦"不过是"中国梦"的一个组成部分;但是从内涵上看,我以为"民国梦"则更多元、更具体、更清晰、也更有操作性。

为了便于阅读,我把这些文章分为四辑。第一辑寻路之梦,包括胡适、曹汝霖、李大钊、冯玉祥、张学良、刘仁静、盛世才、蒋廷黻、侯外庐、韩钧等十几位历史人物。前面是大家比较熟知的人物,比如李大钊、张学良、冯玉祥等,后面是不大熟悉或几乎很少有人知道的人物,比如盛世才、蒋廷黻、侯外庐和韩钧。但无论熟悉还是不熟悉,在这些人身上发生的故事,都有鲜为人知的一面,都与中国究竟走哪一条路有关。因此我把它们的梦想统称为"寻路之梦"。

第二辑是"民主之梦"。自从戊戌变法以来，通过民主立宪来限制公共权力的滥用，就成了中国民众最大的梦想。但是，由于各种各样的原因，这一梦想始终未能实现。所以在这一辑中，我们既能看到著名学者丁文江、内阁总理熊希龄、党派人士左舜生等人为政治改革所做的不懈努力。

在第三辑"自由之梦"中，介绍了几份报刊追求言论自由的曲折经历。新闻独立、言论自由和公平正义是社会进步的基本要素。因此常燕生对自由主义的解读，值得大家注意。

在第四辑是"教育之梦"中，介绍了徐志摩、傅斯年对教育的理解。他们当年并没有直接执教的经历，却深得教育之三昧。其他篇章则从不同角度介绍了一些关于教育的有趣故事，从而探讨了教育的真谛。

这本书是2014年由北京新星出版社出版的。但是问世不久就被人举报，遂遭到下架封存的"待遇"。这不仅让出版社和作者蒙受很大的损失，也让关心它的读者难觅其踪影。最近蒙刘雁女士厚爱，愿意在美国出版这本小册子。根据刘女士的建议，我对该书做了两项调整：一是把书名改为"百年旧梦"；二是把"民主之路"改为"宪政之梦"，并对各辑的顺序做了调整。

我希望通过这本小册子能让海外的朋友们知道：尽管中国人经过100多年努力奋斗，并为此牺牲了无数生命，但是他们所追求的宪政、民主、自由和教育的梦想并没有能够实现。只有了解这样的事实，大家才不会被所谓经济强国的喧嚣所迷惑。

我与刘雁女士虽然有文字交往，也知道她是一位出色的出版人，但是始终没有机会谋面。我愿意借此机会，向她表示诚挚的感谢！

2016年12月，于北京平西府流寓

辑一 自由之梦

胡适的"中国梦"

上世纪30年代,著名的《东方》杂志曾以《梦想的中国》和《梦想的个人生活》为题,组织过一次征文活动。由于选题新颖,有话可说,因此一百多位知识精英和文化名流都参与了这一活动。他们或表达新年感言、个人理想,或预见国家前途、社会走向,或干脆拒绝幻想做梦……这些文章,用该刊主编胡愈之的话来说:那就是"有甜梦,又有苦梦;有好梦,又有恶梦;有吉梦,又有噩梦;有奇梦,又有妖梦;有夜梦,又有白日梦",可谓各抒己见,气象万千。前些年有人将它们编辑成书,取名《梦想的中国》,为后人再现当年的这道思想风景线,无疑是做了一件好事。据该书编者说,不知是什么原因,其中没有鲁迅的梦想,有些遗憾。

无独有偶的是,该书也没有收录胡适的梦想。我不知道鲁迅是否参与这一活动,但是胡适却参与了。在胡适遗稿中,有一篇《为〈东方〉杂志"新年的梦想"栏所写的应征答案》。在谈到"梦想的中国"时,胡适是这样讲的:"话说中华民国五十七年(西元1968)的双十节,是那位八十岁大总统翁文灏先生就职二十年的纪念大典,老夫那天以老朋友的资格参预那盛大的祝典,听翁大总统的演说,题目是《二十年的回顾》……"翁文灏虽然当过国民政府行政院院长,但他当时还是学者,尚未从政。胡适有此梦想,可能与翁正在参与国防设计委员会的筹备工作有关。据说该委员会成立后,"一大批知名学者与蒋介石建立起了一种联系,使得国民党及南京政府的政治生态也发生了某种变化。"(《翁文灏年谱》第86页,山东教育出版社2005年版)由此可见,胡适对南京国民政府还是充满期望的。

在谈到"梦想的个人生活"时,胡适的想法出人意料。他说:"我梦想一个理想的牢狱,我在那里面受十年或十五年的监禁。在那里面,我不许见客,不许见亲属,只有星期日可以会见他们。可是我可以读书,可以向外面各图书馆借书进来看,可以把我自己的藏书搬一部分进来用……"他还说:"如果我有这样十年或十五年的梦想生活,我可以把我能做的工作全部都做出,岂不快哉!"我不知道这算不算黑色幽默,但是就现实而言,这种"理想的牢狱",仍然是个遥远的梦。据说《东方》杂志的这次征文是胡愈之的创意,但是遭到其上司、商务印书馆总经理王云五的反对。王云五与胡适是至交,不知胡文未能发表是否与此有关。

1935年初胡适又以《新年的梦想》为题,在《大公报》"星期论文"专栏发表文章。该文是在火车上完成的。胡适说:他在旅途中遇到一位外国人,对中国富人纳税少、贫民纳税多表示不解,觉得这种"杀贫济富"的税收制度是"最不公道的罪恶,是全世界文明国家所决不容许的"事情。因此,胡适的第一个新年梦想是:"在这个新年里可以看到中国赋税制度的转变。"在旅途中,胡适还听说另一位外国人去刚开张的上海国际大饭店吃饭之后,曾感慨地说:"这里的华丽和舒服都够得上第一等了,可惜不是中国今日顶需要的。"与此同时,胡适还看到一方面是交通部新官邸的落成典礼,一方面交通部门失职,致使农民的粮食运不出去。因此他的第二个新年梦想是:希望政府能通过"减政裁人"等政策,"来帮助解决民食的问题"。此外,胡适还梦想全国真正的统一,梦想肃清全国匪患,梦想学术界的进步,也梦想全国精诚一致地对付外来侵略。

1937年初,胡适再次为《大公报》星期论文撰稿,标题是《新年的几个期望》。1936年是个多事之秋,随着日本侵略者步步紧逼,6月份爆发对抗中央的两广事变,年底又爆发振奋人心的绥远抗战和震惊中外的西安事变。西安事变和平解决后,胡适说"多年梦寐里害怕的'一九三六',居然度过去了。我们在全国欢呼的喊声里送出了旧年,迎进了新年。"因此他的第一个期望是"今年必须做到宪政的实行",第二个期望是"蒋介石先生努力做一个'宪政的中国'的领袖。"他认为实行宪政不只是颁布宪法,更应该养成法治习惯。在这方面,他希望,蒋介石应该成为遵守宪法的模范。

徐志摩与火烧晨报馆事件

让群众运动演变成暴力事件,既是革命党人的主张,也是近代中国的宿命。透过这个案例,我们可以看到,一个社会如果没有宽容的风气,就会变得更加残忍,更加可怕。

1925年11月底,北京爆发了号称"首都革命"的示威游行。示威游行由北京大学教授朱家骅和陈启修领导,参与者除了青年学生以外,还有工人、车夫等劳动群众。地质学家朱家骅是国民党员,而经济学家陈启修是共产党员,因此"首都革命"是国共合作的产物。

示威活动从28日开始,第一天有三万多人,第二天达到五万左右,并在天安门召开了国民大会。会上,首先由朱家骅报告开会宗旨,并通过大会决议,接着由陈启修发表讲话。大会结束后,与会群众兵分几路,举行大规模示威游行,其中一路手持"打倒晨报及舆论之蟊贼"等标语口号,向位于宣武门大街的晨报馆奔去。不一会儿,报馆接待室首先起火，室内陈设全被砸毁。所幸消防队及时赶到，火势才被控制。

据当时担任《晨报副刊》主笔的徐志摩说，大火之后，"馆员们的衣服，听差们的被褥，厨子们的家当，会客室里的新制的一套沙发，壁上挂的画片，全没了"，但是机器和稿子却没有受到什么损失。因此他幽默地说："烧晨报的火神爷心肠还是不够辣；该毁的没有毁，……不该毁的倒给毁了"。这就是火灾之后《晨报》能够迅速复刊的主要原因。

晨报馆在"首都革命"中遭此劫难，大概有远近两个原因。在许多人看来，晨报馆具有研究系背景，而研究系的全称是"宪法研究会"，以主张在中国实行宪政而得名，因此这一政治派系自然要被奉行革命的国共两党敌视。这显然是晨报被烧的远因。另外，1925年10月徐志摩担任副刊主笔之初，就发起一场"对俄问题"大讨论。在讨论中，反对苏俄的一方明显占了上风，这无疑是晨报被烧的近因。

"对俄问题"大讨论发端于陈启修为苏俄辩护的一篇文章，题目是《帝国主义有白色和赤色之分吗？》陈启修又名陈惺农、陈豹隐，是第一个翻译《资本论》的中国人。他的文章在《晨报副刊》所属的社会周刊上发表后，著名政治学家张奚若以《苏俄究竟是不是我们的朋友？》为题，进行反驳。他说：帝国主义国家仅仅吸取我们的资财，桎梏我们的手足，苏俄竟然收买我们的良心，腐蚀我们的灵魂；帝国主义只想愚弄我们的官僚和军人，苏俄竟然愚弄我们的青年和学者；欧战后帝国主义还高唱尊重我们主权的口头禅，苏俄竟然无缘无故地占据了我们的外蒙古；帝国主义只能暗中帮助吴佩孚张作霖，苏俄竟然明目张胆地在广东做我们的高级军官和外交官……。你说它不是我们的敌人是什么？

文章发表后，在社会上引起很大反响。勉己（社会周刊编辑）、抱朴（秦涤生，《时事新报》编辑）等报人和梁启超、陈翰笙、江绍原、李璜、张慰慈、常燕生、刘侃元、陶孟和、钱端升、丁文江、张荣福、胡石青等知识界名流，都参与了这场讨论。短短一个多月中，仅《晨报副刊》就发稿近30篇，并开辟了"对俄问题讨论号"专栏。徐志摩撰文说，中国对苏俄的问题，到今天为止始终是不曾开刀的一个毒瘤，里面的脓水已经满了，但是却没有独立见解的人去触动它。他认为张奚若是这个最无耻的时代里能够挺身而出的最知耻的人。他认为，办副刊的第一要义，就是"要保持思想的尊严与它的独立性，这是个不能让步的"原则；只有这样，才能弘扬卓尔不群的思想、特立独行的人格，才能戳穿那种披上学术外衣，去为某种别有用心的目的进行宣传的卑劣伎俩。

有意思的是，在此之前，徐志摩向张奚若约稿，张写的第一篇文章叫《副刊殃》。文章一开头就说，副刊整天胡说乱抄，毒害青年，还不如一把火烧掉。为此，徐志摩写了一篇很长的"附注"，说张奚若是一位"炮手"，是一个"硬"人，有了他的支持，办副刊就不孤单了。徐志摩没想到，张奚若的这句气话，居然会一语成谶。

胡适与张奚若、徐志摩是最好的朋友，但是他对"仇俄友俄"大讨论却持批评态度，认为这是在学理上争长短，缺乏事实上的根据。尽管如此，在火烧晨报馆事件之后，他却非常震惊。他当即向陈独秀表示自己的看法，陈独秀却反问他："你认为《晨报》不该烧吗？"为此，他在一封信中对陈独秀说，几十个暴动分子围烧一个报馆，这并不奇怪。但你是一个正常的负责领袖，对于此事不以为非，而以为"该"，这使我深感诧异。他指出，你我不是共同发表过一个"争自由"的宣言吗？争自由的唯一原理，就是大家要能够容忍异己的意见与信仰。从这个角度来看，凡是不承认异己者自由的人，就不配争自由，也不配谈自由。在这封信的最后，胡适忧心忡忡地说："我怕的是这种不容忍的风气造成之后，这个社会要变成一个更残忍更惨酷的社会，我们爱自由争自由的人怕没有立足容身之地了。"

火烧晨报馆事件发生后，受到知识界和舆论界的普遍谴责。《现代评论》以《首都的革命运动？》为题发表短评，认为晨报是一个言论机关，不应该使用暴力去摧残它。著名学者燕树棠以《爱国运动与暴民运动》为题发表看法说："有一派主张激烈的人要假借这几次国民大会的名义，利用青年报复的心理，买动城中无业的匪徒，乘政治变动的时机，达到他们扰乱治安，制造恐怖的目的。……这种暴民运动破坏社会生存的基础，不减于军阀土匪的行动。（因此）火烧晨报馆是空前未有的侵犯出版言论自由的暴行。"

12月7日，《晨报副刊》在劫难后继续出版。徐志摩在《灾后小言》中说："火烧得了木头盖的屋子，可烧不了我心头无形的信仰……"这信仰，就是他一再强调的思想独立，言论自由。

胡适与一个未能问世的刊物

1929年3月10日，《新月》月刊在第2卷第1号《编辑后言》中说："……为便于发表我们偶尔想说的'平'话，我们几个朋友决定在这月刊外（这是专载长篇创作与论著的）另出一周刊或旬刊，取名《平论》（由平论社刊行）。不久即可与读者相见。"该编辑还说，所谓"平"话，"无非是几句平正的话表示一个平正的观点"而已。

查胡适当年日记，可以看到他们"几个朋友"筹办《平论》的基本情况。3月23日，徐志摩、梁实秋、罗隆基等人造访胡适，劝他担任《平论》主编，胡适推辞不掉，只好答应，并商定于4月1日创刊。两天以后，胡适为《平论》撰写一千六七百字的发刊词，标题是《我们要我们的自由》。文章说："近两年来，国人都感觉舆论的不自由。在'训政'的旗帜之下，在'维持共信'的口号之下，一切言论自由和出版自由都得受种种的箝制"。文章指出，这种"没有言论自由的严重后果是一个民族的最大耻辱"。

3月29日，胡适与徐志摩等人为《平论》的问世再次碰头，大家认为稿子的份量不够，便决定推迟到4月10日出刊。但不知什么原因，这份刊物并没有如期问世。到了4月21日，平社成员在胡适家里聚餐，参加者除了梁实秋、徐志摩、罗隆基之外，还有丁西林、叶公超、吴泽霖几位。随后，平社每周聚餐一次，参加者又增加了潘光旦、张禹九、唐庆增、刘英士、任鸿隽、林语堂等人。尽管如此，这份刊物始终没有与世人见面。

为什么会这样呢？我猜测可能与当时的"人权与宪政问题"有关。

1929年4月20日，正好是平社举行第一次聚餐会的前一天，国民政府下达保障人权的命令。胡适在报上看到这个命令之后，当即提出两点怀疑：一是命令中所谓保障"身体自由"云云含混不清，二是命令中没有"政府或党部也应该尊重人权"的条款。基于这种疑问，胡适在《人权与约法》一文中指出：事实上中国的人权从来就没有法律保障，因此要保障人权，首先应该制定一部宪法或约法。否则，保障人权就是一句空话。随后，他又写了一系列文章进一步阐述自己的观点。在《知难，行亦不易》中，他公开批评孙中山"行易知难"的学说；在《我们什么时候才可有宪法》中，他对孙中山的《建国大纲》提出质疑；在《新文化运动与国民党》中，他更是直截了当指出：今日国民政府所代表的国民党是反动的，所以他们天天摧残思想自由，企图以压迫言论自由来达到思想的统一。

这些文章在《新月》和《吴淞月刊》发表后，立刻在社会上引起轩然大波。蔡元培称"大著《人权与约法》，振聩发聋，不胜佩服"；张謇之子张孝若说:"先生在《新月》所发表的那篇文字,说的义正词严,毫无假借,真佩服先生有识见有胆量!这种浩然之气,替老百姓喊几句,打一个抱不平,不问有效无效,国民人格上的安慰,关系也极大。试问现在国中,还有几位人格资望够得上说两句教训政府的话?"

看到胡适居然敢批评孙中山,批评国民党,批评国民政府,上海、北平、天津、江苏、青岛等地的国民党党部纷纷召开会议。大家一致认为:"中国公学校长胡适,公然侮辱本党总理,并诋毁本党主义,背叛政府,煽惑民众,应请中央转令国府,严予惩办"。国民党中央训练部也认为胡适的文章"超出学术研究范围,泛言空论,错误甚多",有失大学校长尊严,并损害了党和政府的形象,因此要求教育部予以严办。

9月下旬,教育部根据这一指示,向中国公学发出训令,对胡适提出严重警告。为此,胡适在写给教育部部长蒋梦麟的信中表示:"这件事完全是我胡适个人的事。我做了三篇文字,用的是我自己的姓名,与中国公学何干?"

这一事件也引起了国际舆论的广泛关注。一份名为《新时代》的刊物分析说:由于中国国民党和苏联共产党一样,"是至高无上的政治团体,不容忍敌对党派",再加上胡适批评了被神化的国民党领袖孙中山,因此他们要严惩胡适。《纽约时报》则认为:胡适是"现代中国最英明的、最有建设性的领袖之一,……他正致力于中国思想和教育的现代化过程。现在他受到谴责,并不是因为其个人的政治抱负,而是因为他的那种直言不讳的习惯使他敢于提意见……"

尽管《平论》未能问世,但是平社的活动一直还在进行。这正如胡适所说:"我们几个朋友在这一两年中常常聚谈中国的问题,各人随他的专门研究,选定一个问题,提出论文,供大家的讨论。去年我们讨论的总题是'中国的现状',……今年我们讨论的总题是'我们怎么解决中国的问题?'"1930年2月11日,平社在胡适家聚餐,讨论的题目是"民治制度"。同年7月24日,平社又在胡适家里开会,潘光旦宣读《人为选择与民族改良》的论文。听完之后,胡适虽然颇为欣赏,但也认为其中"不无稍偏之处"。

随后,胡适辞去了中国公学校长的职务,并应北京大学邀请担任文学院院长兼中文系主任。在这种情况下,平社也就停止活动自行解散了。

王云五在国民参政会上的发言

2009年，我应中央研究院邀请赴台北参加五四运动90周年学术研讨会，曾在台湾大学附近的旧香居书店淘到一本小册子——《十年报人》。书中说：抗日战争后期，为了解决"愈来愈严重"的中共问题，国民政府派张治中、王世杰到西安与中共代表林祖涵（伯渠）进行谈判，但是一直到八月中旬双方还未能达成协议。这给抗战"胜利的曙光"抹上了一层阴影。于是在国民参政会参政员王云五和胡霖提议下，张治中和林祖涵在9月份召开的国民参政会上，向大会报告了会谈经过，以图进一步解决的方案。

《十年报人》是青年党人宋益清写的一本回忆录，国民参政会不是书中重点，因此仅仅从这本书中看不出会议的情况。幸好我有一套重庆出版社1985年出版的《国民参政会纪实》，其中不仅有王云五和胡霖发言的全文，还有会议纪要和相关评论。回来以后翻阅这些资料，觉得这套书对于了解那段历史，很有帮助。

国民参政会是1938年成立的。这一年3月，国民党在武昌召开临时全国代表大会。大会取得三项成果：一是通过了《抗战建国纲领》，二是选举蒋介石为国民党总裁，三是决定成立国民参政会。同年6月，国民政府公布第一届国民参政会参政员名单。在这个名单中，就有商务印书馆的总经理王云五和《大公报》的总经理胡霖。

国民参政会是一个相当于战时国会的全国性民意机关，它对于改变国民党一党专制的政治局面具有积极的推动作用。1944年9月15日，国民参政会召开三届三次会议，听取林祖涵（伯渠）和张治中关于国共两党谈判的报告。这次持续数月的谈判是秘密进行的。因此听完这个报告之后，王云五立即要求发言。他说："本席以参政员资格，在开会前一天写了一封信给主席团，请求转请政府把和中共商谈的经过和结果向大会报告。我们的请求动机有三点：第一，本会以团结全国力量为最大任务，对于任何阻碍团结的因素都不能不想办法去消灭。第二，现在已经接近抗战最紧张的关头，需要集中全国的力量，尤其是兵力来抗战。我们知道，中共方面是拥有相当的军队，同时政府在防护地区保有相当的部队，假如团结问题能够早日解决，这两部分力量，都可用在抗战和反攻上面。第三，本会同人都是人民代表，我们对于执政的国民党，一个很有力的政党，和中国共产党不结合携手，这点是我们所最关怀的。"

随后王云五表示，听了林（祖涵）参政员和张（治中）部长的报告以后他十分感动。之所以如此，是因为过去这一类问题都是秘密进行的，如今这个问题可以在大会上公开，就足以象征这个问题是可以得到解决的。

王云五坦称，我是一个没有党没有派的人，"今天听了林参政员和张部长的报告,我把它们归纳起来,虽然说问题很不少,但是最重要的问题,也是问题症结所在……却只有两个:一个是政权公开,一个是军令统一。"政权公开是中共提出来的,其实这不但是中共的主张,也是全国人民的主张。当然,国民党和政府也一再宣布它是要还政于民的。军令统一是政府提出来的,这不但是政府和全国人民的主张,就是中共也不应该反对。比如中共去年在"四项诺言"中就明确表示:"十八集团军愿意在军委管辖之下,接受军委会的指挥"。

王云五还说:"就政权公开来说,已经由国民党、由政府、由领袖,再三声明,在抗战完结之后实行宪政。对于这点,我们很钦佩国民党和政府的大公无私的精神。"他指出,要实行宪政,就必须颁布宪法。要颁布宪法,就要召开国民大会。但是在抗日战争尚未结束的时候要召开国民大会是有困难的,所以他提出所谓宪法应该有两种:一种是有形式的,即先召开国民大会然后颁布宪法;一种是无形式的,即虽然没有颁布宪法,但通过公民的共同努力,也可以慢慢走上宪政之路。他认为在目前情况下,前一种虽然不大可能,但是后一种却可以马上办到。所以,"假使政府真有诚意的话,那么即使是不具形式的宪法,也可以走上真正的宪政的轨道"。

关于军令统一,王云五也谈了自己的看法。他说:从林、张二人的报告来看,双方对这个问题并没有本质上的分歧,而是过分纠缠在中共能够保有多少军队的问题上。所以他认为在军令统一的大原则下,这完全是枝节问题。因为"假使军令能够真正统一,所有军队都是国家的军队",在这种情况下,即便是多给中共一点编制,也是可以的。何况,"为了反攻,我们需要大量的军队",所以这不应该是一个问题。说到这里,王先生还提出两点意见:

第一，我们希望政府和中共能够继续的加速的商讨。我们向后（指会场所写的标语）可以看见两个标语："国家至上，民族至上"。我们希望政府和中共都要把这八个字时刻放在心上。本着这八个字的精神去解决，相信没有不可以解决的问题。更希望政府和中共都本着互让的精神，加速地求得问题的解决。

第二，我们希望过去的事情不必谈，谈起旧的事情纠纷越多，感情越坏，我们必须忘掉过去，赶快准备反攻的工作。

另外他还分别对政府和中共提出自己的希望：希望政府用实际行动走向宪政之路，希望中共能够用实际行动坚决服从中央政府的命令。

王云五发言之后，《大公报》总经理胡霖（政之）也发表了自己的意见。他说：

本会开会的时候，本席同王参政员云五发起，要求主席团向政府商呈在大会公开报告与中共商谈经过。今天上午听到林参政员和张部长对本案的报告，觉得非常快慰。因为从这里看出，中国已走进民主宪政第一步。发动这个提议，虽只是我们两个人，但是本席声明，绝对不是我们两个人的意思，因为背后有许多人要知道这个事情，现在事实可以证明：就是今天会场的情形，恐怕自有参政会以来，没有这样热闹。从此可知大家对这个问题非常关心。以此情形，又证明我们两个人为什么提出这个案。我们觉得中国已走上民主道路。这个潮流，没有什么办法可以抵挡得住的。但是我们晓得中国是一个农业社会，老实讲，对于现代化的民主政治的运用，实在没有习惯，所以第一要养成民主政治精神，发挥宪政精神，今天这个很大的问题，能够公开，就看得出来，已经表现出民主的状态。

随后,胡先生也表示了自己的担忧。他认为无论政权公开还是军令统一,都不是一蹴而就的事,因此他认为最重要的是双方在这些问题上都必须拿出自己的诚意。

在这次大会上,还通过了《关于组织延安视察团的决议》。这才有六参政员访问延安以及毛泽东与黄炎培的"窑洞对"。该视察团本来有王云五参加,但是由于身体的原因,他未能成行。

会议结束以后,重庆《大公报》在社评中提出三项主张:"(一)要求中共尊重国家的统一,服从国民政府的军令政令。(二)要求国民政府给人民以政治自由(中共区域也不例外),放宽言论自由的限制,严格保障人民身体自由……(三)要求国民政府认真准备实行民生主义,而目前就应该从赋税政策上,从整饬官箴上,逐渐纠正财富……苦乐殊悬的不平现象……"

《国民公报》也持类似的观点。该报在社论中开门见山说:"中共问题在中国政治上扰攘了二十年,麻烦了国人,也惊动了盟邦。在过去,国共两党似乎各在肚子里做功夫,大家既讳莫如深,中外人士也就不明究竟了。此次参政会开会,国共两方代表均有关于国共谈判的报告,事实真相,乃大白于天下,不能不说是一件快人之事。"

《新民报》则以《国共问题之前瞻》为题发表社评说:"不容讳言,国共纠纷,是中国历史上一件最可痛心之事"。如今国共两党把谈判经过公之于世,是象征着民主和团结的一件大事。由于"国民党所要求的军令统一,与共产党所强调的民主问题,……乃是中国人民的共同愿望",因此"无论在朝在野,无论执政与旁观的人,今后只有拿出最真实,最合理的一套东西来给大家看,才会得到同情,才会得到拥护。"

此外，重庆的《中央日报》、《时事新报》、《新华日报》和《群众周刊》也都发表文章，从各自的立场出发对这次谈判予以积极的评论。令人痛心的是，这一切并没有能够推动当年的政治民主化和军队国家化进程，因此在抗日战争胜利以后，中国非但没有走向以宪政为基础的和平建国道路，反而又陷入了大规模的内战之中。

《世纪评论》与1947年的中国政治

1947年是决定中国命运的一年。这一年元旦，由国民大会通过的《中华民国宪法》正式颁布，这意味着国民党即将结束一党专制，并开始推行民主宪政。但是，这次大会遭到中共的坚决抵制，这部宪法也遭到中共的强烈反对。与此同时，因中国女学生沈崇被美军士兵强奸一案引发的反美运动在北平、上海等大城市继续发酵，国共两党在江苏、山东乃至东北等地的军事冲突亦愈演愈烈。在这种情况下，美国特使马歇尔应召回国，美国对国共两党的调停宣告失败。

1月20日，国民政府发表声明，提出恢复国共和谈的愿望和具体措施。5天以后，中共中央宣传部部长陆定一指责政府对和谈毫无诚意，这可以视为中共对政府声明的公开回应。就在这样一个关键时刻，由自由主义知识分子创办的《世纪评论》在国民政府的首都南京问世。

大约十年之前，我在山西太原工人文化宫的旧书摊上以数百元价格淘到一套《世纪评论》合订本（分上下册）。阅读这份杂志，可以看到当时大家谈论的话题与我们现在面临的问题相当接近，有些甚至如出一辙。遗憾的是，随着时间的流逝和社会的演变，这份杂志除了个别学院派学者略有涉猎外，似乎已经被人遗忘。前几年人们在谈到傅斯年"炮轰"宋子文时，也曾提到这份杂志，但是对于它的其他内容和相关情况，依然知之甚少。因此有必要介绍一下。

一、《世纪评论》的问世

《世纪评论》的问世与著名经济学家何廉有关。何廉早年留学美国，曾师从于耶鲁大学著名的数理经济学家欧文·费暄教授，学成回国后担任南开大学教授、经济学院院长。在此期间他创办南开经济学院，对中国社会经济展开调查，并翻译了大量西方经济学名著。南开大学的经济学专业能够蜚声中外，与他的努力有一定关系。1936年，他应蒋介石之邀弃学从政，在国民政府中担任行政院政务处长、经济部常务次长、农本局总经理、资源委员会代理主任和国民党中央设计局副秘书长等要职，是蒋介石的智囊集团的一个重要人物。抗日战争胜利后，他离开官场出任金城银行的常务董事，并且在民生实业公司、大成绵纺织染公司、通成公司、太平洋轮船公司、永利化学公司、久大精盐公司担任董事或顾问。

尽管如此，为了实现学术救国、言论报国的夙愿，他想在上海成立一个经济研究所，在南京办一个"多少有点像《独立评论》"的杂志（《何廉回忆录》第272页，中国文史出版社1988年第一版）。当他把这个想法告诉金城银行负责人戴自牧时,戴以公司股份的形式拿出40万美金,希望能够玉成其事。

经过一番准备,《世纪评论》终于在1947年年初问世。该刊主编张纯明早年留学美国,获耶鲁大学政治学博士学位(据说他与美国前总统尼克松是同班同学)。学成回国后,他在南开大学执教,任该校文学院院长兼政治系主任。抗日战争开始后,他与何廉一样弃学从政,参加了政府工作。张纯明与何廉关系密切,二人不仅是耶鲁大学的校友、南开和国民政府的同事,他们的夫人还是一对亲生姐妹。

《世纪评论》创刊之前,曾在《征求直接订户启事》中表示:"本刊以超然立场,评论当前政治、经济、社会、文化等重要问题,执笔人皆系言论界、学术界、文艺界第一流作者,见解透彻、观点正确,使读者对于每一问题,能有切实之认识。"(见《世纪评论》合订本上册红色夹页)这一点,从该刊封面罗列的作者名单中可以看出。这个名单有60余人,其中包括傅斯年、潘光旦、陶孟和、翁文灏、萧公权、蒋廷黻、梁实秋、吴景超、冰心、顾毓琇、李长之、巫宝三、杨西孟、沙学浚、严中平、方显廷、费孝通、钱实甫、张含英、康永仁、贺昌群、徐道邻、周绶章、楼邦彦、李慕白、季羡林、张紫葛等等,皆一时之选。

二、弘扬自由主义

1947年(民国三十六年)1月4日,《世纪评论》正式问世。该刊在《发刊词》中首先分析了中国的政治形势和社会情况。文章说:抗日战争胜利以后,中国本来应该迎来一个和平、民主、自由、平等的新时代；但是由于国共两党互不相让，导致整个国家陷入大规模内战。于是，广大民众在经过八年的颠沛流离之后，仍然是有家归不得，有田不能种。与此同时，通货膨胀已经使国民经济接近崩溃，贪污盛行、是非不分的风气也弥漫整个社会。

面对这样的现实，文章表示"本刊的立场是超然的，本刊同仁的思想，在大体上说，是接近自由主义的。"（《世纪评论》第1期第1页）紧接着，文章对自由主义作了如下解释：

> 自由主义，与其说它是一种主义，不如说它是一种态度，一种观点。这种态度的特点是广大的同情心，有接收新潮流的雅量，本着理智的指示，使政治经济能负起现代的使命。自由主义所要求的是个人人格的尊重，批评精神的提倡，科学观念的培植。自由主义是动的，现实的，创造的，没有一成不变的信条，没有固定或武断的主张。它的对象是现实，不专恃权威，不依赖传统，而是以智理去审察现实的要求。它永远是前进的，随着社会的变迁而变迁，随着科学的发展而发展。（同上）

随后，该《发刊词》还分析了极权政治的固有特色。文章说：

> 极权政治，独裁政治，过于抹杀了个人，只知有集体而不知有个体。这种政治是机械的，没有生命的。在这种政治下，人民是无意志，无灵魂的行尸走肉，执政者是国家的一切。集体恐

怖成为政治的工具，疯狂侵占了理性，命令代替了法律，集中营代替了法院。一切政治活动是被动的，像演傀儡戏一样，由一人在幕内牵线，群木偶就蠕蠕而动，弈弈而舞。自由活动，自由研究，自由探讨的精神，根本不能存在。（同上，第2页）

由此可见，《世纪评论》的基本立场是弘扬自由主义精神，反对极权专制的政治制度。

三、呼唤民主宪政

在《发刊词》之后，是《世纪评论》的第一篇社论，其标题是《中国需要忠实有力的在野党》。社论开门见山说：当前国内最大的呼声是建立联合政府。中国由一党专政转向多党联合，这既是"训政"的结束、行宪的开始，也是国民党兑现"还政于民"的承诺。可是现实情况却使我们充满忧虑。因为从政治学的角度来看，我们希望联合政府只是一个过渡的办法，而不是永久的制度。另外，由于民主宪政的基本原则是政府对人民负责，而人民又是散漫的，没有组织的，因此所谓民意，必须通过政党才能实现。这样一来，"朝党执政，野党监督的制度便成了保障民权的重要利器。"（《世纪评论》第1期第3页）然而在联合政府的旗号下，各党派只有两种选择：一是全部参加政府，二是部分参加政府。于是作者问道：如果是第一种情况，那么万一政府犯了重大错误，谁能够进行有效的纠正？如果是第二种情况，那么各党派又怎么能够实现全面的合作？

经过上述分析，社论做出如下判断："中国现在不需要更多的政党，不需要更多的政党参加联合政府，而需要一个有力量，有见识，有风骨的在野党，站在全民的立场上，不断的向政府作建设性的忠告。"（同上）社论还说，在野党就是反对党，所谓"反对"，不是打倒，不是漫骂，而是引导政治走向正轨，走上宪政的道路。

《世纪评论》的第二篇社论将矛头指向执政的国民党，标题是《国民党向哪里去》。社论指出，国民党上在这次国民大会已经开始分裂，造成分裂的原因有以下三点：

第一是由于贪污盛行，是非不张，致使"党内比较有血性、有志气的分子对于党不免失望。他们认为国民党已经腐化到不可救药的程度，所以他们一有机会，必然另树旗帜"。

第二是"党内组织不够民主，党的大权为几个人所把持"，致使许多老党员愤愤不平。

第三是党内的投机分子入党时就是为了获得个人利益，如今宪法公布，各党都可以公开活动，于是他们产生了组织新党，从而成为领导人物的想法。

《世纪评论》第3期社论的标题是《为国家，为人民，为自己》。社论首先指出："最近和谈复活之说，甚嚣尘上。我们站在人民的立场，希望这次和谈如果能重开，政府，中共，民盟及其他各方面，都能拿出政治家的风度，爱惜国家的前途，可怜受尽痛苦的老百姓，放弃私见，以期谈判的成功。"

紧接着社论分析了为什么谈判成功对政府和共产党都有利无害：就国民党来说，它虽然拥有精良的军队并掌握全国政权，但是武力并不能解决一切问题，也不能消灭中共，何况国际社会也不允许中国内战发生。就共产党而言，"中国所以闹到这样糟的局面，中共自然也有责任"，因为"中共认为混乱的局面对于它们是有利益的"。这正如马歇尔所说："真正极端之共产党徒，则不惜任何激烈手段以求达到其目的，例如破坏交通，以破坏中国之经济而造成有利于推翻政府之局面"。

社论认为，因为中共不可能在短期内打败国民党，所以它向中共发出如下呼吁："为中共计，为人民计，中共应该以最大的容忍，作最大的让步，与国民党合作以建设新的中华民国。"社论还说："中共如果真能得到全国人民的拥护，将来自有取得政权之一日"；即便尚未取得政权，中共仍然可以凭借自己第二大党的资格来"监督政府，使其不流入反动，顽固"，这才是"最民主，最合理的办法。……不然所谓民主云者，也不过是骗人的口号。"社论在结束时引用西方的一句名言："民主政治的特点是数人头，所以可省却打破头的麻烦。"紧接着又反问道："难道中国人只会打破头而不知数人头吗？"（《世纪评论》第3期，第3-5页）

从《世纪评论》的问世后的"三板斧"中，不难看出它对1947年中国政治的基本判断及其办刊理念。

四、主张政治妥协

在《世纪评论》上第一个以个人身份亮相的是著名的政治学家萧公权。萧发表的第一篇文章《制宪与行宪》，就排在上述创刊号社论之后。这篇文章是针对制定宪法的国民大会（简称制宪国大）而写的。制宪国大原定于1937年召开，但因为抗日战争的爆发，所以迟迟不能举行。抗战胜利以后，中国共产党已经发展成一个强大的军事实体，因此在接受日军投降的问题上与政府军分庭抗礼，冲突不断。后来虽然经过重庆谈判和美国调停，但是双方的军事冲突还是愈演愈烈，从而完全堵塞了通过政治方式解决争端的途径。在这种情况下，蒋介石只好在中共和民盟缺席的情况下召开制宪国大，以便兑现国民党"结束训政、走向宪政"的承诺。

萧公权在撰写该文时，制宪国大即将开幕，中共因不肯妥协而拒绝出席大会，因此萧氏在文章中指出：宪法是一个妥协的产物，"妥协不一定是坏事。对不同意见妥协，为了获取有用的结果而妥协，为了避免决裂纷争而妥协——这样的妥协可以说是民主政治的一个运用原则。妥协是让步，是谅解，是宽容，是在尊重自己主张之时也尊重别人的主张。"萧氏认为，在制宪大会上通过的宪法虽然不是尽善尽美，但"只要不是废纸，我们便有改进的希望。"（同上，第5-6页）

萧公权早年在上海中国基督教青年会中学就读，后来考入清华学校高等科。他曾经参加五四运动，然后赴美国留学，曾在密苏里大学和康奈尔大学主修政治哲学，于1926年获博士学位。回国后，他先后在清华、南开、燕京、光华、华西以及台湾大学、华盛顿大学等十几所大学任教，并著有《政治多元论》、《中国政治思想史》、《中国乡村》、《康有为研究》等专著。

作为政治学家，萧公权对民主、宪政等问题有深入的研究。他说：所谓民主，就是人民有说话的机会，有听到一切议论和消息的机会，有用和平方式自由选择生活途径的机会，有用和平方式选举政府的机会。他强调，这些机会不需要等到将来，此时此地便可得着，便可利用。他认为这就是脚踏实地的起码民主，如果这种起码的民主都办不到，那就是民主的蟊贼、社会的公敌、历史的罪人。

萧公权不赞成当年国民党宣称的中国必须经过"军政"、"训政"才能实行"宪政"的主张。他还引用《大学》中"未有学养子而后嫁者也"的古训告诉大家：世界上没有先学会抚养孩子，然后再去嫁人的事情；所以要实行宪政，根本不需要做任何训练或准备。

查《世纪评论》的目录，可以看到他写的大多是关于宪政方面的文章，其中除了《制宪与行宪》之外，还有《宪法与宪草》、《宪法与政协原则的异同》、《行宪的准备》、《宪法所定制度的测论》、《宪法与孙先生学说的异同》等篇目，可见他是《世纪评论》撰稿人中的一大重镇。

五、关注国计民生

浏览《世纪评论》目录索引，可以看到有许多关于国计民生的文章。比如在"时政"专栏内，有社会学家吴景超的两篇文章，一篇是《取之于民用之于民》，另一篇是《摊派猛于虎》。

在《取之于民用之于民》中，吴先生根据自己在社会调查中所得的数据，得出了某县政府"取之于民者太多，而用之于民者实在太少"的结论。他说：尽管"人民向县政府纳税、摊捐"很多，但是却"没有得到什么大的好处。"那么，县政府的收入都用到什么地方了？吴先生说："现在很多县份的收入，大部分是拿来养活县政府的职员。他们的薪水，津贴，生活补助费等等的开支，占了县府支出一个很大的百分数。县政府把自己的秘书，科长，科员，办事员，警察，工友等的生活问题解决之后，余下来的钱已无几了，所以请不起教员，开不起医院，顾不到救济，一切建设的计划，变成纸上空谈。在这种情形下，如主持县政的人，还不能保持廉洁，那么人民的所得，将由很少而减至于无。"
（《世纪评论》第1期第11页）

在《摊派猛于虎》中，吴先生说他在乡下调查时查阅了一个乡公所的会议记录，发现这个乡公所在一年之内居然有13项摊派。他以为从这份记录中就可以看出当地老百姓的负担了，但是乡长却告诉他，这仅仅是其中一部分，许多摊派任务下达后，往往来不及开会便直接交保长办理了。因此实际数字比会议记录要大得多。

为什么会出现这么多摊派呢？吴先生认为主要原因是政府想办的事太多，又没有那么多钱和物，再加上地方政府入不敷出，军队索取亦无止境，因此要想减轻老百姓的负担，不是一件简单的事。

除此之外，在《世纪评论》上讨论国家财政金融问题的文章也有很多，其中有巫宝三的《现行外汇政策必须改变》和《论九万三千亿大预算》，杨西孟的《我国财政进入新危机》、《对于当前财政的看法》和《论经济崩溃》，严仁赓的《检讨黄金政策》和《从经济紧急措施方案到发行美金债券》，汪祥春的《外汇政策何处去》，康永仁的《金钞无罪办法不通》和《如何挽救目前经济危机》，方显廷的《硬性管制不如软法疏导》，樊弘的《物价继涨下的经济问题》等等。这些人都是当时比较活跃的经济学家，对当时的财政经济和国计民生有许多真知灼见。

六、挑战政府权威

如前所述,反对贪污腐败,本来就是《世纪评论》关注的一大热点,但因为始终没有重点目标,所以在社会上反响不大。1947年春,何廉收到傅斯年的一封信。这封信谈到傅斯年当时的身体状况特别不好,其内容在《世纪评论》第6期《编辑后记》中有所披露。

傅孟真先生来函云:"弟过新历年,即时感不适,至十五日而大作,十七方知是痄腮(Mumps)连带睾丸炎,甚苦。(烧至三九.八度)二十三入中央医院,昨始出,仍头晕中,然则未曾作文,不为罪也。稍愈,当执笔。连读三期,甚佩,甚佩,可以独步东南矣"。

随后,编辑在《后记》中说:"'独步东南'未免过奖,然傅先生的大作,不久当可与读者相见。特先奉告。"(《世纪评论》第6期第18页)

七天以后,即1947年2月15日,《世纪评论》发表傅斯年的文章《这个样子的宋子文非走开不可》。文章首先指出人类社会有一个共同规律:"凡是一个朝代,一个政权,要垮台,并不由于革命的势力,而由于他自己的崩溃"。然后作者从黄金政策、工业政策、对外信用、办事作风和文化水平等五个方面分析了宋子文担任行政院长之后的所作所为,从而得出"共产党最喜欢孔宋当国"的结论(《世纪评论》第7期第8页)。傅斯年还说,他有如此判断,是因为他看到孔祥熙和宋子文二人可以导致国民党垮台,从而让中国像蒙古国一样纳入苏联的势力范围。

为了进一步说明这个问题,《世纪评论》在随后一期的社论中指出:"中共自然希望国家打得落花流水,他们欢迎大崩溃的来临,因为国家崩溃了,他们'收拾残局'的机会就来了。"(《世纪评论》第8期第4页)

对于这件事情,何廉也有回忆。他说:傅斯年来信之后,"我回信约他给《世纪评论》写稿子。不久,我在南京遇到他。他告诉我说,他要给《世纪评论》写稿子,但有一个条件,就是按原文发表,不能有一字改动,我立刻表示同意。过了两天,他把稿子交给总编辑张纯明,以'这个样子的宋子文必须走开!'为题发表在《世纪评论》上。不到半天时间,这一期《世纪评论》在上海市面上就见不到了。这并不是说《世纪评论》的发行量空前地突然增加,而是一定有人从报贩手里全部收买去了。我立刻到《大公报》馆找到经理胡霖,把我自己手里的一份登有傅斯年文章的《世纪评论》给他看。我告诉他说这一期在市面上谁也买不到了,问他能否在大公报上发表,他立刻同意了。就在第二天早晨,这篇文章在《大公报》上发表了。这篇文章与1949年春(引者按:应为1947年,疑系手民之误)宋子文辞去行政院院长职务是有很大关系的。"(《何廉回忆录》第276页,中国文史出版社1988年版)

紧接着,傅斯年在《世纪评论》第8期又发表《宋子文的失败》一文,进一步分析了孔祥熙和宋子文联手,"彻底毁坏中国经济,彻底扫荡中国工业,彻底使人失业,彻底使全国财富,集中于私门,流于国外"的作法。他认为这种作法"和共产党拆路烧城,效果全无二致。"(《世纪评论》第8期第7页)

文章发表后,《世纪评论》在第9期《编辑后记》中说:"傅孟真(斯年)先生在第七第八两期论宋子文的文章成为街谈巷议的资料,差不多每一个京沪的报纸都注意到傅先生的文章,有的转载,有的在社论里特别提出,有的有精彩的短评。我们特向读者预告:在不久的将来,傅先生还有文章在本刊发表。"(《世纪评论》第9期第20页)这说明傅斯年对《世纪评论》十分看重。但不知是因为身体欠佳,还是有其他原因,傅斯年的文章并没有如约面世。

当时宋子文是行政院院长,傅斯年的文章导致了宋子文的下台,这在中国历史上是从来没有的事。

七、讨论中国出路

组织一些重大问题的讨论,是办刊物的秘诀之一。当时中国面临的最大问题是走什么样的道路。在这个问题上,《世纪评论》曾在第9期发表署名清泉的文章:《美国人对中国的了解与误会》。在这篇文章中,作者首先对国共两党分别作出自己的评价。他认为国民党是一个独裁的全能主义的政党,"这些东西都是国共合作时代鲍罗廷同志带进来的。(如今)国共虽不合作了,鲍罗廷也早回国了,但是国民党还继续延用。"相比之下,他认为"共产党好以民主为其口头禅。在未握政权以先,他们大声疾呼的讲言论自由。实际他们不过是利用民主的机构去打倒民主。等到他们一把握政权,他们绝对不会为其他政党留丝毫余地,二十年前的苏联如此,今天在波兰……亦复如此。"(《世纪评论》第9期第7页)在上述判断的基础上,他指出"中国的出路不外下列三条:(一)

国民党竭力吸收开明分子，改弦更张；（二）开明分子团结起来，另组社会主义的政党；（三）苏联式的共产革命。"（同上，第8页）

文章发表后，署名为康庸人的作者在第14期发表《从人心和国际局势看中国前途》。但是通观全文，似乎前没有什么新鲜内容。到了第16期，《世纪评论》同时发表两篇相关文章。一篇是孙斯鸣的《中国政党政治往哪里走》，另一篇是沙学竣的《与清泉先生论"中国的出路"》。

孙斯鸣提出两个观点：第一，在"国共纠纷未已，民心瓦解已久的今日，中国也确实需要一个"强大的、民主的、自由的"第三党出来收拾局面。第二，政治协商与武力争夺相比，"一个是民族求生之路，一个是民族自杀之路"。因此，政党政治是以和平竞争来代替武力争夺的唯一出路（《世纪评论》第16期第8-11页）。

沙学竣认为："有党派的开明分子，和无党派的开明分子，如果不在这个乱极思治的时期，组织自己，从事不流血甚至流血不多的革命运动，以救人民于水深火热之中，把国家政治引入正轨，那中国只有走上……'苏联式的共产革命'"了。与此同时，他又不无担忧地说：这些开明分子"（虽然）都是好的个人，却不一定都是好的'团体分子'。"为什么这样说呢？因为这些人有以下几方面的弱点：一是胸襟狭，气量小；二是有学问却未必有能力，尤其是没有领袖能力；三是既过于自信，又过于自尊，因而漠视纪律，轻视旁人。这就使他们只能是"既不能令，又不受命"的不能结党结社的人。（《世纪评论》第16期第12-13页）

看到沙学竣的文章之后，著名学者蒋廷黻在《世纪评论》第24期发表《漫谈知识分子的时代使命》。文章表示："沙先生所举的困难虽然是实在的，我仍觉得事在人为。"具体来说，就是在近代化的过程中，中国"知识分子应该居领导地位。"这种领导地位表现在政治上，应该是促使传统的"武力政治"过渡到现代的"舆论政治"；表现在经济上，应该让资源开发的红利，让全国人民都能享受。（《世纪评论》第24期第7页）

八、《世纪评论》的谢幕

蒋廷黻文章发表时，《世纪评论》在编辑后记中写道："本刊出版已经半年了，这一期是本刊第一卷的最后一期，为整理内部业务，我们不得不暂时休刊两周，从第二卷开始，本刊版面将有调整……。过去半年，我们自知努力不够，还有不少的缺点，现在我们愿意乘这个小小告一段落的机会，一方面作一番自我的工夫，同时更希望作者和读者，多多提供宝贵的意见"。（《世纪评论》第24期第19页）

所谓"整理内部业务，暂时休刊"云云，显然是一种托词，真实的情况是何廉要出国考察休假。关于这一点，何在回忆录中有所涉及。他说他当时常住上海，对上海金融界和企业界的吃喝应酬之风很不适应，便想出国一趟，一来可以休息休息，换换环境，二来可以更新知识，了解一下国外学术界的情况。正在这时，他接到外交部的通知，说他被推选为联合国社会经济理事会的中国代表，需要赴纽约参加会议。与此同时，洛克菲勒基金会中国地区主任马歇尔·贝尔福也告诉他，如果他想去美国，洛氏基金会可以向他提供3000元美金的资助。1947年7月，何廉携夫人和三个孩子乘美琪将军号轮船离开上海前往美国。

在何廉离去和经费告罄的情况下，《世纪评论》也只好停刊了。

由奥巴马想到潘光旦

新学年伊始,《南方都市报》对奥巴马的"开学第一课"作了显著报道和深度评论。这样做的目的,首先是传达了一个信息:美国人要求自己的总统一定要分清宣传和教育的界限,要在教育上保持价值中立的态度。否则,他们就会对奥巴马的电视讲话进行抵制。除此之外,在这条信息的背后,好像还有如下含义:美国公民呵护教育、抵制宣传的勇气和精神,对于我们中国人来说,具有一种启蒙作用。也就是说,要明白教育的真谛,首先要有区分宣传和教育的能力。

但是,如何才能把教育与宣传区别开来呢?这对于早已把教育纳入宣传轨道国家及其国民来说,实在是一个很大的难题。于是我想起了已故社会学家潘光旦。

早在1940年,潘先生就在《宣传不是教育》一文中说:真正的教育有一个重要的前提,那就是必须承认每一个人都有一种"内在的智慧"。与此同时,每一个人都有使用这种智慧应付环境、解决问题的能力。但是，迷信宣传的人却认为智慧是少数人的专利，只有他们才有"改造社会、拯救人群"的理想、才能和智慧，其余绝大多数人只能接受他们的领导，顺从他们的意志。基于这样一种假设，当宣传者把自认为重要的理论和见解编成一套简洁的说法或口号以后，其他人就只能按部就班地学习和执行了。

潘文发表后，触动了当局的敏感神经。于是昆明版《中央日报》马上发表社论，强调宣传就是教育。为此，潘光旦又撰写《再论宣传不是教育》，进一步表达自己的意见。他在这篇文章中说：教育与宣传的最大区别，在于前者注重启发，后者依靠灌输。但是当前从事教育的人却将二者混为一谈。于是所谓教育就成了宣传；所谓教师，就成了宣传家，所谓学校，就成了"宣传家勾心斗角出奇制胜的场合"。至于教育界本来应有的思想独立、学术自由等品质，则无从谈起。拿这个标准反思当前的应试教育，真让人不寒而栗。

两年后，潘光旦看到英国自由主义思想家阿尔杜斯·赫胥黎的新著《目的与手段》，其中有关教育的论述与他不谋而合。于是他把这些内容翻译出来，取名《赫胥黎自由教育论》交商务印书馆出版。该书出版后纳入了"新中学生文库"。阿·赫胥黎是《天演论》作者汤姆斯·赫胥黎的孙子。他说："生活总须运用智慧，而智慧的运动必须自由"。但是，由于独裁政治需要绝对服从，因此"在独裁政府的眼光里，自由的智慧或智慧的自由是最大的敌人。"基于这一原因，独裁者"总是千方百计的把智慧压制到一个不能动弹的程度"，而宣传就是压制智慧的"不二法门"。他还说：

在独裁政治的国家里，一个人从孩提的年龄起，就成为宣传的对象，好比他成为军国民训练的对象一样。他的全部的教育过程事实上不是教育，而是宣传。及其一旦脱离学校，加入社会，他又进入了报纸、电影、读物、与广播电台所合组的一个天罗地网，而这些东西又无一不受政府的控制，无一不是上好的宣传工具。再过几年以后，我相信这工具的清单里，也就是独裁者的武库里，还须添上一项电传照相，以至于电传的印刷机，凡属机关、家庭、公共场所，概须置备一具，从此，政府要传达谕旨，宣扬德意，可以比置邮传命还来得快，来得普遍。

正因为如此，他认为在独裁者眼里，那些"善于盘诘的自由的智慧"最不利于他们的统治。最好的办法就是通过宣传，让大家不要思考，不要怀疑，不要盘问！可以设想，如果赫胥黎生活在电视时代，看到独裁者对电视传媒的控制，肯定会有更痛切的感慨。

基于上述认识，赫胥黎告诫人们：一定要让青少年"知道报纸、广播、影片所给我们的刺激，就其中一部分以至于大部分而言，是微笑里藏着的刀，蜜口中含着的剑，是饵底的鱼钩，是图穷的匕首，是广告家与宣传家的无上工具。"要想抵御这些外部刺激，除了相信自己的力量外，还要有解析的技术和质疑的能力。比如面对一个"春眠初醒"的妙龄女子为牙膏所作的广告，应该知道这个女子其实和牙膏的好坏没有任何关系；面对国家、民族等概念，要明白它的真实含义；面对宏伟的建筑、盛大的阅兵、冠冕的讲话、堂皇的文告以及严密的组织、高超的效率，也要看到它们与独裁政体并没有必然联系。这种解析的技术和质疑的能力，其实是一种"智慧的防身术"。

需要指出的是，尽管赫胥黎希望学校能把这种"智慧的防身术"教给青少年一代，但是他也明确告诉人们：当大部分学校由国家直接控制的时候，这种希望很难实现……

《新民报》"永久停刊"始末

1948年"行宪"国大的召开,意味着宪政国家的诞生。但是就在会议结束不久,便发生了南京《新民报》被查封事件。南京是当时的首都,《新民报》是一份民间大报,这一事件不仅在当时引起极大轰动,也为后人提供了难得的启示。

《新民报》是1929年创刊的。当时南京国民政府刚刚成立,时任中央通讯社编辑的陈铭德因为不满意国民党对新闻舆论的控制,便与两位同事创办了这家私营报社。陈铭德认为,办报是为社会立言的光辉事业。报纸不应该仰人鼻息,也不是特殊阶级的喉舌;因此记者应该"出自己的汗,吃自己的饭,说自己的话"。基于这一理念,他最反对的就是把报纸变成旧时代的"官报",或者办成新时代的"传单"。正因为如此,《新民报》问世不久,就成为舆论界一大重镇。

抗日战争爆发后,《新民报》迁往重庆。由于它奉行"中间偏左"的办报路线,因此一大批著名的左翼文人担任了该报的编辑记者,其中除了号称"三张一赵"的张友鸾、张恨水、张慧剑和赵超构之外，还有夏衍、凤子、沈起予、李兰、吴祖光、赵纯继、程大千、浦熙修等人。为了进一步扩大影响，该报在陈铭德邓季惺夫妇的经营下，分别创办了晚刊和成都版，销行十余万份，成为大后方颇有实力的一个报系。抗战胜利后，毛泽东参加重庆谈判。《新民报》副刊主编吴祖光在报上发表毛的词作《沁园春·雪》，国民党中宣部认为这是为"为共产党张目"。

不久，《新民报》南京版复刊，并在复刊词中宣称："本报是一个民间报纸，以民主自由思想为出发点，不管什么党，什么派，是者是之，非者非之。只求能反映大多数人群的意见和要求，决不讴歌现实，也不否认现实。"同时又痛苦地表示："我们在政治斗争极端尖锐化的环境下，精神上时时感受到一种左右不讨好的威胁。"这显然是因为国共两党的明争暗斗，使它处于非常尴尬的境地。

尽管如此，陈铭德邓季惺夫妇不仅没有退缩，反而通过办报获得很大声誉。1948年国民大会召开时，夫妇二人分别当选为国大代表和立法委员。面对如火如荼的内战，邓季惺女士看到无数百姓死于非命，便在立法院提出停止轰炸城市的议案。随后，《新民报》在刊登立法院的有关新闻时，被视为泄露国家机密。于是在蒋介石的亲自干预下，有关部门援引新颁布的《出版法》，给予《新民报》永久停刊的处分。

从表面上看《新民报》被查封与邓季惺有直接关系，但实际上却并不那么简单。当时《新民报》使用各种手法与当局大唱反调是出了名的。比如当局提出"军事第一"的戡乱政策，它就发表《生存第一！和平第一！》的社论；蒋介石要过六十大寿，它就刊登《慈禧太后做寿》的文章；蒋介石当选总统，它又发表《袁世凯当皇帝》的杂文。不仅如此，它还想方设法透露战争进程以及人民解放军发展壮大的情况，暗示国民党政权即将垮台。

　　这一切，都与潜伏在报社的中共地下党员蒋文杰、宣缔之有关。据说陈铭德曾对蒋文杰说："我交了两个朋友，一个是你蒋文杰，一个是宣缔之。我有两间房子，让你们来开店，一个开面馆，一个开饭馆。结果呢？你们一个卖鸦片，一个卖白面（毒品）。"蒋文杰是该报新闻版编辑，负责报导各地新闻和战况进展情况，宣缔之是南京版主笔，专门负责撰写社论。

　　《新民报》被封杀后，舆论界反响非常强烈，其中又以《大公报》主笔王芸生所写的《由〈新民报〉停刊谈出版法》影响最大。文章说：根据内政部发言人的谈话，《新民报》是因为违反出版法被责令停刊的。可见出版法对于新闻界关系重大。正因为如此，他才"满怀惶悚之情"，想谈一谈这个问题。

　　王芸生认为："国家不可无法，无法即等于无组织……。但这所谓法，是国家的大纲大法，而不是繁文细节的小章小法。严格地说，一个国家不需要有汗牛充栋、多不胜记的法律，只要有三部法律便可治国。一部宪法，规定国家性质、政府机构、人民的权利与义务；一部民法，组织社会、范畴人事；一部刑法，以裁出轨。此外若有法律，大致皆是可有可无的附属性质。甚至若干枝节性质的法律，是有不如无。"在此基础上，他觉得"出版法的立意，乃在限制议论与发表的自由，这与保障民权的精神是不合的"，与宪法精神也是不相符的。因此他呼吁立法院应该本着保障民权的精神，尽快整理现行法规，将包括出版法在内的"繁文缛典"清除干净。

　　文章问世后，《中央日报》与《大公报》还展开一场激烈的争论。由于争论的内容比较广泛，只能就此打住。

张季鸾办报秘诀

提起张季鸾,如今了解他的人恐怕是越来越少了。但是大凡有点历史知识的人都应该知道,在中国报刊史上,他的确是一个不同寻常的人物。

为了说明这一点,我们不妨先看一看有关他的三件事。一是他曾经为孙中山先生草拟了临时大总统的就职文告。当时,他刚从日本留学归来,先在于右任主办的《民立报》当编辑,后来经于右任推荐,又出任总统府秘书,参与了许多重要文件的起草工作。此外,他还在中华民国临时政府成立和大总统就职之际,向《民立报》发出新闻专电。据说,他是我国第一个借助电报发稿的新闻记者。

二是他写过一篇《蒋介石之人生观》的文章,指责蒋某人身为北伐军总司令,在前方将士浴血奋战、英勇牺牲的时候,却散布什么"非有美满婚姻,就不能使革命进步"的奇谈怪论,并说蒋不学无术。为了解事情的起因,我翻了一下王俯民写的《蒋介石传》。该书说,1927年年底,蒋介石与宋美龄结婚时,说过这样一段话:"余确信,今日与宋女士结婚以后,余之革命工作必有进步。余能安心尽革命之责任,即自今日始也。……余平生研究人生哲学和社会问题,深信人生无美满之婚姻,则做人一切皆无意义。社会无安定之家庭,则民族根本无进步。"这篇文章显然是因此而写的。另外,据周雨先生的《大公报史》说,尽管如此,后来蒋介石还是给他以"国士"的礼遇,把他看成唯一的诤友。

三是抗日战争时期,他因为"中条山战役"与周恩来打过一场笔墨官司,认为在这次战役中,十八集团军虽然近在咫尺,却采取隔岸观火的态度。但是周却强调,当时该集团军在中条山地区没有一兵一卒。值得注意的是,此后不久,张因积劳成疾,溘然长逝。周在唁电中说:"季鸾先生,文坛巨擘,报界宗师,谋国之忠,立言之达,尤为士林所矜式……"。可见周对他的景仰与推崇之情,非同一般。

从辛亥革命到抗日战争,张季鸾驰骋报坛30年,对于办报有许多独到的见解。他说,报纸既不是政治的阶梯,也不是营利的机构,而是一块文人论政的园地。他还说,报人之天职,曰忠,曰勇。忠即忠于主张,勇即勇于发表。此外,他认为办报的秘诀有两条:一是"以锋利之笔,写忠厚之文,以钝拙之笔,写尖锐之文";二是"不望成功,准备失败"。当然,对于那种为逞一时之快而不顾后果的鲁莽作法,他也是不赞成的。

张的一生虽然不乏可圈可点之处,但我以为最让人钦佩的还是他那公而忘私的思想品质。他曾在一篇《无我与无私》的文章说,所谓无我,就是要认识到报纸是公众的,不是"我"的,所以报人在写稿时要力求客观公正,不要被个人的名利和感情所支配。至于无私,他认为"私的最露骨者是谋私利,这是束身自爱的报人都能避免的。其比较不容易泯绝者是私于所亲，私于所好，而最难避免者为不自觉的私见"。这种从洁身自好到力避私见的观点，与《大公报》"不党、不卖、不私、不盲"的办报方针是完全一致的。他经常说，作为一个报人，不仅不应该求权、求名，也不应该求财。抗战初期，年届五十的张季鸾老来得子，各方面人士为表示祝贺，送来许多金银首饰。他认为在前方流血牺牲，后方家破人亡的战争年代，"我张某不能为得一子而收此巨礼。"于是他不顾妻子想选一点留作纪念的愿望，把它们全部捐献出去。尤其令人感动的是，在他临终的时候，身边仅有十块钱的"积蓄"。总之，倘若要用一两句话概括张之一生的话，我以为《大公报》同人的这副挽联也许是恰如其分的佳构：

　　千载事功，曰诚曰敬；
　　一生心血，为国为民。

英敛之与傅斯年的忘年交

英敛之原名英华，1867年出生于满洲正红旗一个贫民家庭。幼年时代，他因家境贫寒无钱入学，被迫走上一条艰难的自学之路。1898年前后，"三十而立"的英敛之受康有为、梁启超的影响，开始在报纸上发表评论国事的文章。戊戌变法失败后，他于1902年在天津创办《大公报》。该报以"开风气，牖民智，挹彼欧西学术，启我同胞聪明"为宗旨，提倡变法维新，主张君主立宪。与此同时，这份报纸还以"敢骂酷吏、不避权贵"等特点，受到社会各界的广泛重视。辛亥革命以后，他将主要精力投入教育与慈善事业，并与儿子英千里（著名表演艺术家、前文化部副部长英若诚的父亲）共同创办了辅仁大学（北京师范大学的前身）。由此可见，这是中国近代史上颇有影响的一个人物。

有意思的是，就是这样一位著名人物，在"不惑之年"认识了十多岁的傅斯年。二人一见如故，经常在一起纵谈时局、臧否人物、切磋学问。

傅斯年出身于山东聊城的一个名门望族。他的祖先傅以渐，是清朝建立后的第一个状元，官至兵部尚书、武英殿大学士。有清一代，傅氏家族在科场上得意者不计其数，官至封疆大吏者不乏其人。比如傅斯年的曾祖父傅继勋在安徽做官多年，李鸿章、丁宝桢等人都出自他的门下，因此山东傅氏有"开代文章第一家"之誉。傅继勋之后，其子孙大多偏离仕途，以教书为业。在世人眼里，傅家好像是走向衰落，这也正好应了"君子之泽，五世而斩"的老话；但是在我看来，他们的选择未尝不是蔑视权贵、洁身自好的一种表现。这种选择对傅斯年影响很大。他毕生追求真理、献身学术，同情普通民众，憎恨贪官污吏，显然与这样的家庭背景有关。

傅斯年出生不久就赶上废科举、办学堂的"清末新政"。但由于缺乏新的教育理念和教育资源，所谓新式学堂仍然是以传统的读经为主。正在这时，一个名叫侯延塽的人改变了傅斯年的命运。侯延塽是傅斯年父亲傅旭安的学生。傅旭安主持龙山书院时，曾经资助过这位家境贫寒、勤奋好学的学生，所以当侯延塽考取进士、被授以刑部主事以后，便想借回乡省亲之机报答恩师。没想到他回乡以后，傅旭安已经去世，于是他想把恩师的儿子带到大城市读书。

不久，侯延塽离开家乡返回北京，在路过天津时顺便拜访了老朋友英敛之。闲谈中，他有意提到傅斯年博闻强记、聪明过人，并将其作文递给英敛之。英读了傅斯年的作文之后，非常欣赏其才华，便劝侯延塽把这个孩子带到天津。于是侯延塽又返回家乡，把傅斯年带了出来。

傅斯年到天津大约是十三岁左右。经过短期准备，他考入天津府立一中。刚入校的时候，因为学生宿舍尚未建成，他在英敛之家中住了好几个月。在此期间，傅斯年竟然与比他大三十多岁的英敛之成了忘年交。他们谈论的话题很广，从做人做学问，到国内外大事，几乎不所不包。学校的宿舍盖好以后，傅斯年虽然搬到学校去住，但每逢星期日和寒暑假，他总要看望英敛之。几十年以后，英敛之的儿子英千里在回忆当时的情景时是这样写的：

> 他住在我家的时候，我同他并不很亲密，因为在我一个九岁的顽皮孩子的眼里，看这位十四岁的傅大哥是个魁伟而庄严的'大人'。他每天下了学除了温习功课外，就陪着先父谈论一些中外时局或经史文章，绝不肯同我这'小豆子'玩耍或淘气，所以我对他只有'敬而畏之'的心理，虽然经过了四十年，我还没有完全撇掉。

此外，英敛之的夫人既是皇室后裔，又是虔诚的天主教徒。她似乎与胖乎乎的傅斯年颇有缘分。所以英千里还说："先母是最喜欢傅大哥的，说他聪明而老成。我家是天主教徒，因此先母常给他讲教义，并在星期日带他进教堂。他虽然未入教，但是他一生对于教会人士好感，也未尝不是因为受了先母的熏陶。"

由此可见，傅斯年与英敛之的交往，对于他后来的成长，具有不可低估的影响和作用。

施蛰存的足迹

我们这一代人,当年除了能读一点鲁迅外,对于二三十年代的文坛状况可谓了无所知。因此,施蛰存最初留给我的印象,只是一个"洋场恶少"的骂名。于是不知从何时起,施蛰存其人其事便成为我心中"蛰存"的一个谜。遗憾的是,当施蛰老熬过了蛰伏岁月,再度出现在文坛时,我却因为专业所限,对他的文章很少拜读。直到前两年,当我发现自己并不是术业有专攻的材料,而学究式的论文也往往沦为晋升职称的敲门砖时,才不得不"退而求其次"地还点"读债",《沙上的脚迹》就是在这种情况下买的。与此同时,我还买到施蛰老的另外两本书:《北山集古录》和《文艺百话》。可惜一来我对金石碑铭完全不懂,二来自己在文艺方面也是外行,所以随便翻翻之后,还是捧起了《沙上的脚迹》。说实话,这种回忆性杂文不仅可以为后人揭开一些谜底,也很合乎我的阅读口味。

该书《序引》说:"这个集子,共收杂文二十七篇,计'忆事'十篇,'怀人'十三篇,'答问'四篇,另有'浮生杂咏'一组。"纵观二十余篇"忆事"、"怀人"之作，除少数篇章涉及到作者早年生活和四十年代的经历外，所叙内容大体是大革命之后到抗日战争前夕的事。施蛰老说过，"从1927到1937这十年期间，上海是中国新文学运动第二个十年的'繁华市'"（见《文艺百话·序引》），而他那不无辉煌的文学生涯正好与这十年繁华相吻合。于是，他那特殊的经历，和他所写的人和事——诸如郭沫若的《争座位帖》，丁玲的"傲气"，傅雷的脾气，冯雪峰的"浪漫史"，戴望舒的"身后事"，沈从文的文物癖，王莹的悲剧命运，朱经农的知人善任……——不仅给读者如闻其声、如见其人的文学享受，而且还具有很重要的史料价值。值得一提的是，这本书中的一些篇章是作者不顾年老体弱，亲自到上海徐家汇藏书楼查阅了他当年主编的全套《现代》杂志，录出有关资料后才写出来的。这些文章的学术价值与那些头巾气十足，八股味十足的所谓论文是不可同日而语的。从这里，我们也可以看出施蛰老所谓"我不会写学究式的学术论文"之真实含义。

相比之下，四篇"答问"也以其独特的内容和风格引人注目。施蛰老说，他虽然不是这些文章的作者，"不用付我稿酬"，但是"这些文章所记录的内容，全都是我的思想、观点，所以，我以为，我可以有发表权。"细心的读者不难发现，老人所说的"发表权"是多么来之不易。比如在谈到自己所遭受的政治迫害时，他说："我深知政治迫害在我们身上是没有什么办法的。我一直深知政治归政治，文学归文学，我也不反对文学为政治服务，但是必须作家出诸自愿。……一般而言，政治家并不理解文学家，而我们文学家却很理解政客。我并不反对毛泽东延安文艺座谈中的讲话，但是我认为那是党内的文件，可以对党员讲，在革命时代，因为革命的需要用得上，但是与我无关，我并不是共产党员。"在谈到他当年为什么要脱离革命时，他说："'四一二事变'国共分裂后，我才晓得我们这些小共产党党员只有死的分，没有活的机会。葛利尔恰尔曾经说：'所谓政党，是指大多数人牺牲，少数人掌权享受。'十八世纪的话，到今天仍然是真理。"（见该书172页）这些话倘若不是首先见诸于海外报纸，再外转内销地由施蛰老争回发表权，我们又怎能看得到呢？

　　《易》曰："龙蛇之蛰，以存身也。"谁知这竟成了施蛰存命运的谶语。为此，他在《北山集古录·自序》中说："我在一九五八年以后，几乎有二十年，生活也岑寂得很。我就学习鲁迅，躲在我的老虎尾巴——北山小楼里，抄写古碑。这是一个讽刺，因为鲁迅从古碑走向革命，而我是从革命走向古碑。"现在大概要好多了，老人不但不必蛰处于北山小楼以抄古碑而存身，还不断有力作问世。于是当我读罢该书掩卷而思的时候，真希望老人能把五六十年代的"脚迹"也写出来，并尽早公诸于世，以便给后人留下更多的思考和启迪。

陆铿与六十多年前的
一起贪腐大案

陆铿是中国新闻史上的一位传奇人物。他1919年出生于云南保山的一个世家大族，因为对新闻事业的热爱，还不到20岁就成为《仰光日报》的特约记者。后来他在萧乾的建议下，进入重庆中央政治学校新闻班深造，1940年毕业后进入中国国际广播电台，是中国最早的广播记者。1944年冬，他作为战地记者远赴欧洲，先后采访了纳粹元帅戈林、北洋总理陆徵祥等著名人物。二战结束后，他回到南京担任《中央日报》副总编辑兼采访部主任。

据陆铿回忆，1947年初傅斯年发表《这个样子的宋子文非走开不可》等文章以后，在全社会引起极大反响。为此他到国民参政会采访，听到参政员们对孔祥熙、宋子文利用权力非法套取国家外汇提出尖锐质询。为了进一步弄清事实真相，他带着报社财经记者漆敬尧拜访了经济部长陈启天。陈启天是青年党人，因此陆铿对他说："你是青年党的部长，我是国民党的记者，两党合作后就可立即公布案情。"陆铿还说，你这样做可以"为青年党参政争光。"

漆敬尧从经济部商业司司长手里拿到相关的调查报告之后，陆铿于7月29日以"孚中暨扬子等公司破坏进出口条例，财经两部奉令查明"为题，揭发以宋子文和孔祥熙为后台的两家公司利用特权，在1946年3月至11月间共向中央银行套取3亿3千万多万美元外汇的罪恶。因为当时整个国家的外汇储备还不到5亿美元，所以这篇文章在全社会引起巨大反响。有人甚至要求蒋介石应该以唐玄宗为榜样，处死宋美龄以献天下。

第二天上午，蒋介石在官邸召开会议。他问财政部长俞鸿钧为什么会把调查报告泄露给记者，并指示中央宣传部部长李惟果和中央日报社社长陶希圣彻底追查消息来源。那天下午，俞鸿钧派机要秘书黄苗子（后来是著名漫画家）到中央日报社来找陆铿，但没有任何收获。在此之前，李惟果也在电话中向陆铿询问消息来源，陆回答说："……新闻记者有保守消息来源秘密的义务。"

当天夜里，陶希圣找陆铿谈话，仍然一无所得。无奈之下，《中央日报》以"孚中扬子等公司结购外汇之实数"为题发表文章称：

日前（本月二十九日）本报记载孚中、扬子及中国建设银公司之新闻一则，各报颇有转载，本报对于此项记载，特声明如下之两点：（一）本报记者未见财政、经济两部调查报告之原件，故所记各节与原件当有出入之处。（二）本报记载各该公司结购外汇之数目，有数处漏列小数点，以致各报转载时，亦将小数点漏列。查实孚中公司结购外汇为一五三七七八七．二三美元。扬子公司结购外汇为一八〇六九一〇．六九美元，中国建设银结购外汇为八八七．六二美元。"

本来是一起涉及三亿多美元的贪腐大案，经过陶希圣处理，便成了只有三百多万美元小事。于是陆铿说："中央日报在陶希圣的设计下，玩了一个'小数点'游戏。"

这件事之后，陆铿一直有坐牢的准备。8月上旬的一个早上，中央宣传部部长李惟果来到他家，他以为要送他入狱，没想到却被带到蒋介石官邸。见面之后，蒋介石还是追问他消息的来源，陆没有直接回答蒋的问话，而是慷慨陈词一番。他说：在经济面临重大危机，通货膨胀极为严重的情况下，政府高官不管百姓死活，只顾大量敛财，实在是死有余辜。他还说：宋子文和孔祥熙都是国家重臣，却公然破坏进出口管制条例，进口了大量奢侈品和化妆品，大大损害了政府的威信。与此同时，他还批评了CC系的陈立夫，从而把这件事从国民党派系斗争中切割出来。随后，他和李惟果都表示愿意承担责任并接受处分，但是蒋介石却连声说："我什么人也不处分！"

尽管陆铿平安地渡过这场风波，但是到1949年4月，他却因为准确地预测了人民解放军的渡江地点，被当局以"通匪"嫌疑关进监狱，幸运的是他和于右任、阎锡山关系不错，在二人的斡旋下才被释放。1949年底，他在走投无路的情况下返回云南老家，没想到又被卢汉投进监狱。卢汉起义后，他被新政权监禁五年才获自由。在此期间，他因为揭露过"四大家族"才保住一条小命。1957年反右运动时，已经是云南省政协委员的他被打成右派，并以历史反革命的罪名再度入狱。直到1975年当局决定特赦"国民党县团级以上在押人员"时，他才被释放。出狱后，他定居香港并多次返回内地访问，其中最重要的是1985年采访胡耀邦，而这次采访也成了胡耀邦下台的一个原因。1990年，他因为帮助新华社香港分社社长许家屯到达美国,在很长一段时间被中国政府禁止入境。此外,旅美华裔作家刘宜良(笔名江南)因撰写《蒋经国传》被暗杀后,他在采访江南的遗孀崔蓉芝时与崔坠入爱河,并谱写了一场轰轰烈烈的黄昏恋。2009年五四运动90周年时,我去中央研究院参加纪念活动,承台湾企业家陈宏正好意,与崔女士见过一面。陈先生被柏杨称为"文化界大护法"。1996年,陆铿就是在陈先生的"安排、督促下,才定下心来,回到回忆和忏悔上"的。

辑二 教育之梦

徐志摩心目中的理想教育

徐志摩是1925年10月出任《晨报副刊》编辑的。1926年月1月14日,他编完美国大学教授利卡克的文章———《我所见之牛津大学》以后,又写下《吸烟与文化》一文。那是一个视吸烟为文明、为时尚的时代。因此徐志摩开门见山说:

> 牛津是世界上名声压得倒人的一个学府。牛津的秘密是它的导师制。导师的秘密,按利卡克教授说,是"对准了他的徒弟们抽烟"。真的在牛津或康桥地方要找一个不吸烟的学生是很费事的———先生更不用提。学会抽烟,学会沙发上古怪的坐法,学会半吞半吐的谈话,———大学教育就够格儿了。

正因为如此,利卡克教授在文章中表示:我如果有钱办学堂的话,第一件事就是造一间吸烟室,其次是造宿舍,再次是造图书室,最后有钱没处花的时候，再造课堂。

记得罗家伦担任清华大学校长时，首先要盖图书馆。为了吸引同学们到图书馆读书，他主张图书馆要比学生宿舍还舒适。没想到利卡克首先要盖的是吸烟室！至于教室，几乎不在他的考虑范围之内。这种匪夷所思的观点，让人难以接受。

徐志摩在英国剑桥生活过两年，并写下脍炙人口的《再别康桥》。为了替利卡文作些解释，他在文章中继续写道："我不敢说受了康桥的洗礼，一个人就会变气息，脱凡胎。我敢说的只是———就我个人说，我的眼是康桥教我睁的，我的求知欲是康桥给我拨动的，我的自我意识是康桥给我胚胎的。我在美国有整两年，在英国也算是整两年。在美国我忙的是上课，听讲，写考卷，……在康桥我忙的是散步，划船，骑自转车，抽烟，闲谈……"

这段话告诉我们，真正能让人睁开眼睛、热爱知识，从而脱胎换骨的是崇尚吸烟、聊天的英国教育和英国文化。相比之下，忙于上课、听讲、考试的美国教育却一无是处。徐志摩还说：英国确实是一个了不起的国家，它那"有组织的生活"与"有活气的文化"，是牛津与剑桥造就的，它那伟大的政治家、学者、诗人、艺术家和科学家，是这两个大学"熏出来的"。这就是为什么利卡克教授要把吸烟室视为学校的第一需要，徐志摩认为只要"学会抽烟，———大学教育就够格儿了"的缘故。

据利卡文说，牛津大学还是个奖励天才，同时也能接纳平庸、容忍愚拙的地方。只要你在牛津呆几年，就会得到一个学位。这学位对于"愚拙学生"来说，"不过是表明他在这里住过，在这里呼吸过，并且没有下过监牢。……但是对于有天才的学生，牛津却给他们很大的发展的机会。"

总之，真正的教育究竟是知识的灌输，还是人格的熏陶？究竟是"头悬梁、锥刺骨"的痛苦经历，还是应该在闲谈和散步中完成？这的确是两种完全不同的教育理念。它们的区别是：前者认为智慧是少数人的专利，这些人具有"改造社会、拯救人群的理想"和才能，而绝大多数人只能接受他们的"灌输"，顺从他们的意志(潘光旦语)；后者认为每个人都有独立的人格，内在的智慧。

傅斯年的教育理想

傅斯年一生，几乎完全贡献于学术研究和教育事业。他早年投身于五四新文化运动，后来创办并领导了中央研究院史语所，还担任过中山大学文科主任、北京大学代理校长和台湾大学校长，并留下数百万字研究成果和教育论著。对于他的学问，我心存敬意又不敢妄加评论；但是读了其教育论著之后，却非常感动。我以为，他当年的教育理想和办学模式，仍然有重要的现实意义和指导作用。

一、从台湾大学的傅钟说起

为写这篇文章，我在提笔之前先上网搜索，看到台湾《联合报》两年前发表的一篇通讯，标题是《台大傅钟为何21响》。这篇通讯不长，却很有意思，其导语如下："台大精神象征——傅钟为何总是敲21响？台大校长李嗣涔昨天在新生始业上，丢出这个问题，勉励新生主动求知找答案，四年后的毕业典礼他还会问一次，希望到时大家都已知道答案。"

那么，台湾大学的傅钟为什么要敲21响呢？读罢全文，我才知道这与他们的老校长傅斯年有关。傅斯年有句名言："一天只有21小时，剩下3小时是用来沉思的。"因此傅钟敲21响，是为了提醒台大的学生，应该把每天读书、睡觉、做事的时间限制在21小时之内，剩下3个小时，要用于反省自己的思想言行。

该文还介绍说："1949年台大校庆，傅斯年期勉学生做到'敦品、励学、爱国、爱人'这八个字，从此成为台大校训。傅斯年去世后，台大为纪念他奠定台大发展基石，铸造了'傅钟'，悬挂在行政大楼前的草地上。"

所谓"敦品"，是培养敦厚品行；所谓"励学"，是鼓励勤奋学习。傅斯年把"敦品"放在"励学"之前，是因为他觉得品德修养比掌握知识更重要。难怪李嗣涔校长在参观北大以后，有记者问："作为一位资深的教授，您心目中的合格学生是怎样的？"他回答说：我很钦佩未名湖边那些苦读英语的学生，"这在台湾是绝对看不到的"（笑）；但我以为，"最重要的是人格和品德"。紧接着他解释道："台大的学生和北大一样，会有许多毕业生将成为各行业的精英和领导者，他们的见识和心胸将决定行业的兴衰成败。所以我们十分重视道德伦理教育。"

"最重要的是人格和品德"，这大概就是台大傅钟所要传达的声音。

二、在校庆大会上的讲话

上面提到的傅斯年1949年在台大校庆的讲话，被收入湖南教育出版社出版的《傅斯年全集》第五卷。翻开该书，可以看到傅斯年讲话的前半部分介绍了台大历史，后半部分向学生提出自己的期望。

台湾大学原名台北帝国大学，始建于上世纪20年代日据时期，1945年国民政府收回后改名台湾大学。傅斯年是1949年初被任命为台大校长的。出于对教育的深刻理解，他在校庆大会上指出："日本时代这个大学的办法，有他的特殊目的，就是和他的殖民政策配合的，又是他南进政策的工具。我们接收以后，是纯粹的办大学，是纯粹的为办大学而办大学，没有他的那个政策，也不许把大学作为任何学术外的目的和工具。"基于这一理念，他进一步强调："台湾大学应该以寻求真理为目的，以人类尊严为人格，以扩知识，利用天然、增厚民生为工作的目标。"这就是说，办大学的目的只能是寻求真理，如果不能把学校当作寻求真理的地方，不能把人格尊严置于首要地位，奴化教育就有可能继续。

傅斯年还告诫大家：这是一个"邪说横流的时代"。由于"各种宣传每每以骗人为目的"，所以年轻人很容易上当受骗，也很可能像宣传者那样养成说瞎话的习惯。但是要想寻求真理，就不能说一句瞎话。如果大学生也养成说瞎话的习惯，科学发明与学术研究就可能造假，整个社会就会丧失诚信。所以他认为，"立信"不仅是做人、做学问的基点，也是组织社会、组织国家的根本。

在这次讲话中，傅斯年下面这句话也很有警世作用。他说："这些年来,大学里最坏的风气,是把拿到大学毕业证书当作第一件重要的事,其实在大学里得到学问乃是最重要的事,得到证书乃是很次要的事。"然而这种风气由何而来呢?同学们为什么会把文凭看得那么重要呢?这恐怕与当局没有把学校视为寻求真理的地方有关。

三、晚年最重要的一篇文章

校庆过后,傅斯年本来想把自己的办学思想写成一本小册子,但由于事忙,一直没有完成。为了弥补这一缺憾,他在1950年年初写了一篇文章,简明扼要地阐述了这些想法。文章的标题是"几个教育的理想",内容分"平淡无奇的教育"、"性品教育的初步"和"公平"三大部分,发表在《台湾大学校刊》上。

在第一部分"平淡无奇的教育"中,傅斯年首先引用老子所谓"善用兵者,无赫赫之功;善治国者,无赫赫之名"的话,向全校师生明确表示:"我只知道一步一步的实实在在的"办学,不会用盖礼堂、纪念馆等办法把学校办得很热闹。接下来他分别阐述了自己办学的三个原则:第一,协助解决学生的生活问题;第二,加强课业,不能让同学们游手好闲;第三,提倡各种课外娱乐活动。他说:这些意思可以用一句笑话来概括,那就是"有房子住,有书念,有好玩的东西。"校长想让同学们有好玩的东西,这话多么亲切啊。

如果第一部分是要为学生健康成长创造一个良好的环境的话,那么第二部分则是对学生的期望。傅斯年说:所谓性品,就是"一个人对人对物的态度。上等的性品,是对人对物,能立其诚";而所谓立诚,就是教育学生在考察事物、辨别是非时不要自欺欺人。不过,这种教育不是"谆谆然命之"的说教,而是"必须用环境,用知识,用兴趣,陶冶他"的过程。教育不是说教,而是熏陶,这才是它的真谛。

傅斯年还说:"我在台湾大学对学生的性品教育,只说了一句'讲道'的话,就是'不扯谎'。……这一项做不到,以后都做不到。这一项我确实说了又说,我以为扯谎是最不可恕的。科学家扯谎,不会有真的发现;政治家扯谎,必然有极大的害处;教育家扯谎,最无法教育人。……我所以重视这一个道理,因为作学问是为求真理的,一旦扯谎,还向哪里,用什么方法求真理去?没有智慧的诚实(Intellectual honesty)学问无从进步,至于做人,是必须有互信的,一旦互相诈欺起来,还有什么办法?"正因为如此,他认为对个人而言,说谎会毁了他的一生;对社会而言,说谎会毒化整个风气。而说谎一旦形成风气,社会岂有不大乱之理?基于这一认识,他号召同学们毕业以后,无论从事哪种职业,"包括政治在内,必须从立信做起。"

文章第三部分提倡公平,反对特权,这也非常重要。只因这部分内容与当时的学潮有关,而我又不了解这次学潮的来龙去脉(这些内容好像被编者删除),因此就不介绍了。

傅斯年是死在台大校长岗位上的。他死后,胡适予以很高评价,并特别提到这篇文章。胡适说:"他做台大校长的时候,就说过'一个理想的大学,应该办平淡无奇的教育'。他有两句话,第一句是'自己健康起来'。就是生活改善,加强功课,同时给以正当的娱乐。第二句是'性品教育'。就是人品、人格的教育,就是'对人对物能立其诚'、'不扯谎'。"胡适指出：基于对实现现代化的殷切希望，这篇文章表达了"他从青年到晚年根本的认识"，因此"他晚年的思想，值得大家注意。"

附：傅斯年反对读经

1934年7月，国民党中央执行委员会通过决议，规定每年8月28日为孔子诞辰纪念日，并要求各地举行隆重纪念活动，提倡尊孔读经。当年8月27日，国民党中央党部和国民政府在南京中央大礼堂举行孔子诞辰纪念大会，汪精卫和戴季陶在会上作了演讲，演讲的题目是《纪念孔子诞辰之意义》和《国民文化复兴的开始》。与此同时，国民党中央还派叶楚伧、褚民谊、傅汝霖等人前往山东曲阜祭孔，全国各地也纷纷举行隆重的纪念活动。随后，国民党中央执委会一方面颁发孔子纪念歌词，一方面还通过了《修理维持曲阜孔子陵庙办法》和《尊崇孔子发扬文化案》。前者决定在中央拨款和各地分摊的基础上，向学生征收"毕业证附收捐款"，后者则对孔孟后裔予以各种优待。

针对这一现象，蔡元培、胡适、鲁迅、傅斯年等新文化运动的代表人物纷纷表示反对。胡适说：自古以来，"孔子是年年祭的，《论语》、《孝经》、《大学》是村学儿童人人读的"；但所谓"洙水桥前，大成殿上，多士济济，肃穆趋跄"的盛况，又"何曾补于当时惨酷的社会，贪污的政治？"（《写在孔子诞辰纪念之后》）鲁迅说："不错，孔夫子曾经计划过出色的治国的方法，但那都是为了治民众者，即权势者设想的方法，为民众本身的，却一点也没有。"（《在现代中国的孔夫子》）基于同样的看法，蔡元培也说："我认为小学生读经，是有害的，中学生读

整部的经,也是有害的。"(《关于读经问题》)

傅斯年则从历史和现实的角度,提出了自己的反对意见。

1935年4月,傅斯年以《论学校读经》为题,在《大公报》发表"星期论文"。文章说:从历史上看,倡导读经的人从来就没有取得过成功。第一,"中国历史上的伟大朝代都不是靠经术得天下、造国家的,而一经提倡经术之后,国力每每衰落";第二,由于经文过于难懂,因此当年的经学不是用来装点门面,就是被当成敲门砖来使用;第三,每个时代都有自己的哲学,那些主张读经者不过是用经学来傅会自己的主张罢了。就现实而言,要想在学校倡导读经也不可能。第一,根据教育的本质、国家的需要和学校的状况,目前在"中小学课程中'排不下'这门功课";第二,由于六经"在专门家手中也是半懂不懂的东西",因此如果把它纳入教材,"教者不是浑沌混过,便是自欺欺人",这对青少年的理智和人格是极大的伤害。基于以上看法,傅斯年认为在最需要学习引进现代文明的时候,有人反而想用读经来挽救世道人心,真是浅陋之极。正因为如此,他在文章一开始便引用韩愈的话说,尊孔读经就和烧香拜佛一样,"事佛求福,乃更得祸!"

该文发表后,胡适认为这篇文章很值得大家一读,便在《独立评论》予以转载。与此同时,他还写了《我们今日还不配读经》,对该文作了补充。胡适说:傅斯年的文章虽然"无一字不是事实",但其中六经"在专门家手中也是半懂不懂"的话,却很少有人能够懂得。为此,胡适在文章中首先引用王国维的一段话作了解释。王先生说:"诗书为人人诵习之书,然于六艺中最难读。以弟之愚闇,于书所不能解者殆十之五;于诗,亦十之一二。此非独弟所不能解也,汉魏以来诸大师未尝不强为之说,然其说终不可通。以是知先儒亦不能解也。"这就是说,对于六经中的《诗经》和《书经》，不仅王国维自己不能完全读懂，就连汉魏以来的经学大师也未必真懂。于是胡适问道："王国维尚且如此说，（难道）我们不可以请今日妄谈读经的诸公细细想想吗？"在这篇文章的最后，胡适说经学必须在科学整理的基础上，才能逐步解决其难懂的问题，因此他认为："在今日妄谈读经，或提倡中小学读经，都是无知之谈，不值得通人的一笑。"

　　古人说，鉴古可以知今。回顾胡适、傅斯年等人数十年以前反对读经的意见，再看看近年来关于读经的争论，其问题的实质也就显而易见了。

胡适论书院教育

在洋洋42卷的《胡适遗稿及秘藏书信》中，有一篇400多字的短稿，标题是《书院的教育》。该稿写于上世纪20年代，距清朝末年"废书院、兴学堂"的改革才二十年左右。在人们印象中，书院是传播旧思想、旧文化的基地，胡适是鼓吹新思想、新文化的代表。按理说这应该是一篇批评书院的文章，没想到胡适不仅对书院教育作了充分肯定，还指出学校教育的问题所在。这些看法，对于我们认识当代教育制度的弊病很有帮助。

经查，该稿除了被收入《胡适全集》第20卷外，好像没有正式发表过，读过的人可能不多，所以照抄于下：

这一千年来的中国教育史，可说是书院制度的沿革史。这是我深信而不疑的。二十年前的盲目的革新家不认得书院就是学堂，所以他们毁了书院来办他们所谓"学堂"！他们不知道书院是中国一千年来逐渐演化出来的一种高等教育制度；他们忘了这一千年来造就人才，研究学问，代表时代思潮，提高文化的唯一机关全在书院里。他们不知道他们所谓"学堂"，——那挂着黑板，排着一排的桌凳，先生指手划脚地讲授，学生目瞪口呆地听讲的"学堂"，——乃是欧洲晚近才发明的救急方法，不过是一种"灌注"知识的方便法门，而不是研究学问和造就人才的适当办法。他们不知道这一千年演进出来的书院制度，因为他注重自修而不注重讲授，因为他提倡自动的研究而不注重被动的注射，真有他独到的精神。可以培养成一种很有价值的教育制度。

二十年前的革新家因反对八股的科举而一并废除了文官考试制度；因反对书院的课程不合时势而一并废除了一千年艰难演进出来的教育制度！没有历史眼光的革新家的流毒真不浅啊！

在这里，胡适指出书院和学堂的最大区别，在于前者"注重自修"，后者"注重讲授"；前者"提倡自动的研究"，后者奉行"被动的注射"。时到今日，在应试教育的影响下，那种"先生指手划脚地讲授，学生目瞪口呆地听讲"的状况，在各级学校中不仅没有改变，反而是更加普遍，更加严重。这正是我要介绍该稿的原因。

那么，为什么当年的革新家们会做出"废书院、办学堂"的选择呢？在《中国书院史资料》下册第2466页，有康有为的一份奏折，其中谈到西方各国的富强有赖于教育的普及，所以他建议把各省的书院改为学堂，以改变我四万万国民"愚而无学，坐受凌辱"的局面。基于这一想法，当年的改革家才选择了上述"欧洲晚近才发明的救急方法"。

但是许多有识之士很快就发现其中的毛病。比如章太炎认为"废书院、兴学堂"的做法至少有三大危害：第一，它侵占了私学的生存空间，很容易导致民间学术萎缩，进而剥夺人们著书立说、标新立异的权利；第二，这种"专重耳学、遗弃眼学"、不重视身体力行的教学方式，对学生成长有害无益。第三，学生才能不同，性情各异，但是教师却不能因材施教，结果只能是糟蹋人才。又如著名教育家、出版家舒新城在1928年召开的全国教育会议上也指出："中国现行的学校制度，则完全为工商业社会的产物。此种班级制度，在西洋历史亦甚短。……这种整批生产（Mass Production）的班级制，虽然与工业社会的生产概念不相背，但把人当作机械看待"。

这些年来，人们不是经常慨叹"中国缺乏创新人才"、"中国没有培养出诺贝尔奖得主"吗？如果用胡适、章太炎、舒新城的话来审视一下如今的教育，答案是显而易见的。由此可见，如果在宏观上不改变"统一教材、统一进度、统一标准、统一考试"的教育管理模式，在微观上不改变"先生指手划脚地讲授，学生目瞪口呆地听讲"的教学"注射"方式，那就仍然是一种"加工机械"的作法，而不是"培养人才"的思路。

总而言之，不注意学校教育与工厂生产的本质区别，就容易忽视学生的个体差异和人格独立。长此下去，会对他们的自由思想和创造能力产生致命伤害。

陈寅恪是否获得过学位？

当今社会，已经进入一个学历时代。无论是找工作、评职称、提拔干部，都要看当事人的学历如何，至于他为什么要获得学历，或者说学历意味着什么，似乎并不重要。

这种状况让我想起了老一代学者，他们对学历并不看重。我记得陈寅恪好像就没有获得过什么学位。为了弄清楚这个问题，我在查阅资料的过程中，看到两种说法：一是陈封怀1980年的回忆："他在欧洲，特别是对英、德、法语言文字学术，有了深入的理解。他在这三个国家得了三个学士学位。"（《陈寅恪先生编年事辑》增订本第39页）二是陈封雄1990年所写的文章："寅恪叔被人们尊为'教授之教授'，而他本人终其生连个'学士'学位都没有。他在国内的学历是'吴淞复旦公学毕业'，那时（1909年）复旦公学还不能算正式大学，也不授予学位。"（《燕大文史资料》第五辑第１７４页）二人都是陈寅恪的侄儿，又都是从陈氏那儿听来的。因此究竟谁是谁非，殊难判断。不过，看看陈先生的求学经历，也许有助于澄清这个问题。

陈寅恪六岁入家塾接受启蒙教育，十二岁在自家办的一所新式学堂中学习四书五经，以及数学、英文、音乐、绘画等课程。1902年春，年仅十三（其实还不满十二周岁）的陈寅恪与大哥赴日本求学，成为一位少年留学生。顺便说一句，在《吴宓自编年谱》中，有"陈寅恪君……年十一，留学日本"的记载。吴学昭女士在整理时所加的按语是："此处疑为年十五之误"，好像是误上加误。

两年后，陈寅恪利用假期回国，与二哥一道考取官费，再次东渡日本；可惜仅仅一年左右，便因脚气病中断学业被迫归国。遂后，他插班考入上海复旦公学。新中国成立后，陈先生在第七次交代底稿中说，该校相当于"高中程度"。

陈寅恪是1909年从复旦毕业的。当年秋天，他在亲友资助下赴德国考入柏林大学，两年后转入瑞士苏黎世大学，后来又就读于法国巴黎大学。第一次世界大战爆发后，江西省教育司（即后来的教育厅）司长以"阅留德学生考卷，并许补江西省留学官费"为由，将他召回。大约1917年，他与正在金陵大学农学院就读的陈封怀谈起欧洲情况，陈封怀的回忆就来自这次谈话。我怀疑此说有误，因为陈先生没有在英国求学的经历。

1918年年底陈先生再度出国，这一次他本来要去德国，只因"欧战尚未完全结束，遂先赴美国"，入哈佛大学。在那里，他与吴宓订交，吴在日记中两次写道："陈君中西学问皆甚渊博，又识力精到，议论透彻，宓倾佩至极。"吴还说："哈佛中国学生，读书最多者，当推陈君寅恪，及其表弟俞君大维。两君读书多，而购书亦多。到此不及半载，而新购之书籍，已充橱盈笥，得数百卷。"1921年，年过而立的陈先生再赴德国，入柏林大学研究院深造。直到1925年他才回国，就聘于清华大学国学研究院。

抗日战争后期，燕京大学请陈寅恪担任历史系教授，陈封雄护送六叔（陈寅恪排行第六）一家由重庆前往成都就职。到校后，叔侄二人谈到欧美教育，封雄问："您在国外留学十几年，为什么没有得个博士学位？"陈先生说："考博士并不难，但两三年内被一专题束缚住，就没有时间学其他知识了。"他还说，自己从二十岁到德国，就立志要尽量多学几种语言文字。为此，他把所有时间都用在学知识找资料方面，至于有没有学位，并没有放在心上。这种情况在德国大学里非常普遍，大家认为，"只要能得到知识，有无学位并不重要。"后来，封雄把这件事向姑父俞大维提起，俞认为陈的想法是对的，所以他是大学问家。俞还说："我在哈佛得了博士学位，但我的学问不如他。"上述文章就详细记录了这次谈话。

其实，陈寅恪是否获得过学位并不重要，重要的是读书究竟是为了什么？为了学问还是为了学位？为了求知还是为了名利？这些年来，国人对考大学、考研究生趋之若鹜，许多人是为了一张文凭和找一个好工作。对于这种现象，陈寅恪早有批判。他说：从前读书人学八股，是为了功名富贵；如今留学生又一窝蜂地学工程技术，"其希慕富贵，不肯用力学问之意则一"。他们不懂得：工程技术是以科学为根本的，舍本求末，充其量，也只能是"下等之工匠"；更不用说一旦形势发生变化，所谓最实用者，就成为最不实用的了。（参见《吴宓日记》第二册第１０１页）前几年，一位台湾学者介绍说：早在五六十年代，台湾当局为了研制原子弹，曾鼓励一大批优秀青年出国学习核技术。冷战结束后，当地禁止使用核能，这批五十岁左右的优秀人才便过早失业了。这与当年大陆工科毕业生的命运非常相似。我不知道如今的热门专业能红火多久，但明显感到只重实用不重研究的学风依然如故。这也许是自洋务运动以来我们始终未能解决的一个大问题。这个问题不解决，要想真正改变国家的落后面貌，恐怕很难。

傅斯年留学不要学位

近年来，文凭造假事件屡屡发生，不仅在国内早已形成气候，而且还有向国外发展的趋势。这种情况固然与个人的品质有关，但是从整个社会的导向来看，也有值得反思之处。

改革开放伊始，我们刚刚提出"尊重知识、尊重人才"口号，就听说西方发达国家已经进入"学历社会"。记得当时有一位著名科学家说过："到本世纪末，县处级干部要有本科学历，厅局级干部要有硕士学历，省部级干部要有博士学历。"（大意）然而曾经何时，不要说本科生了，就连硕士和博士也成了待业青年。与此同时，许多企业哀叹找不到合适的人才。这说明，一方面是学历过剩，一方面是能力太差，此乃中国教育和中国社会面临的一个大问题。

这让我想起五四先贤对这类问题的思考与实践。比如傅斯年在出国前是学文科的，但是进了伦敦大学以后，他却对自然科学产生浓厚兴趣。为此，他除了主修实验心理学之外，还选修物理学、化学、数学等课程。他在写给胡适的信中表示,当年在北大耽误了不少时间,现在应该补上。对于傅斯年的这一转变,老同学罗家伦分析得很透彻。他说:"这看上去像是一件好奇怪的事",但实际上他是想从自然科学中得到有效的方法和训练。

1923年,傅斯年转入柏林大学,选修爱因斯坦的相对论和新兴的比较语言学。在那里,他遇上陈寅恪、赵元任、徐志摩、俞大维、金岳霖、何思源、毛子水等人,与他们相互砥砺,切磋学问。赵元任的夫人杨步伟回忆说:"那时在德国的学生们大多数玩的乱的不得了,他们说只有孟真和寅恪两个是'宁国府门前的一对石狮子'"。意思是说,他们对学问颇有定力。

尽管如此,无论傅斯年还是陈寅恪,都没有获得任何学位。陈寅恪的侄儿陈封雄说:"寅恪叔被人们尊为'教授之教授',而他本人终其生连个'学士'学位都没有。他在国内的学历是'吴淞复旦公学毕业',那时(1909年)复旦公学还不能算正式大学,也不授予学位。"他还说,抗日战争后期,他曾经问自己的叔叔陈寅恪:"您在国外留学十几年,为什么没有得个博士学位?"陈先生回答说:"考博士并不难,但两三年内被一个专题束缚住,就没有时间学其他知识了。"陈先生还说,他自己20岁到了德国后,就立志要尽量多学几种语言文字。为此,他把所有时间都用在学知识找资料方面。对于能不能获得学位,并没有放在心上。这种情况在德国大学里面非常普遍,大家认为,"只要能得到知识,有无学位并不重要。"后来,陈封雄把这件事向自己的姑父俞大维提起,俞先生认为陈先生的想法是对的,所以他能成为一个大学问家。俞先生还说:"我在哈佛得了博士学位,但我的学问不如他。"

1926年冬,没有学位的傅斯年回国担任了广州中山大学教授,并兼任文学院院长和国文系、历史系主任。上任后，他除了聘请一大批具有新思想和学有所长的教授之外，还]对自己的学生说：要成为一个对社会有用的人，就必须有系统的专门知识和能够与他人合作的精神，而大学就是为此而设立的。与此同时，他还批评把上大学当作敲门砖的思想，认为上大学混文凭是没有出息的表现。

纵观傅斯年的一生，始终没有把学位太当回事。这种观念在那个时代比较流行。例如中华民国成立后，尚在美国留学的顾维钧被聘为总统秘书。当时他还没有拿到学位，如果立刻回国，就会受到影响。他向导师请教，导师说：你都可以当总统秘书了，还要什么学位？（大意）又如胡适在美国留学时，也是还没有毕业，就被北京大学聘为教授。于是他的博士学位迟拿了10年左右。

前不久，我去台湾参加中央研究院召开的纪念五四学术研讨会。在一个小型聚会上，几位台湾同行为胡适的学位问题争论起来。争论的焦点是：为什么胡适的博士学位会迟拿10年左右。为此，我以傅斯年、顾维钧、陈寅恪为例，说明那个时代的人看重的是学问和能力，而不是学位与学历。我知道，台湾同行大多是世界一流大学的博士，而我自己只进过一个不入流的大学，而且还是在职进修，因此很难说服他们。不过我想，倘若中央研究院的老前辈傅斯年再世，也许会扭转这种局面。

潘光旦谈大学管理的两个原则

作为局外人，我对北大改革本来不想发表意见，但是看到争论中缺少点什么，也就有点忍耐不住。据介绍，这次北大改革的动因，主要是来自创建世界一流大学的压力。创建计划是1999年启动的，为此国家财政已经拨出18亿额外资金来改善校园环境和教职工待遇。所以，北大教师是否"物有所值"，不但成了"一些政府部门的主要官员……批评"的话题，也成了一些人的心病。这就使北大改革颇有点"拿多少银子，就必须干多少活儿"的味道。

既要提高大学教师的待遇，又怕他们不称职，不好好干，是许多政府官员和学校领导的普遍心态。因此，他们便制定各种各样的规章制度来约束教师，而不是想方设法为教师排忧解难，提供服务。其实，中国知识分子是最容易"管理"的一个群体，只要你诚心实意地对待他们，他们就会克尽厥职，全力以赴。何况，大多数知识分子不仅把做学问视为谋生的手段，还把它当作安身立命之所在，即便是清贫之至，他们也无怨无悔,任劳任怨。这一点,早在抗日战争和"三年困难"等非常时期就已经得到验证。对于这样一个群体,最好的办法不是用各种各样的条条框框来制约他们,而是要给予充分的信任。否则,即使冯谖再世,也无法避免"末位淘汰"的厄运。从这个角度来看,我以为这次北大改革尽管不乏可取之处,但是它以教师聘任和职称评定为突破口,却是一大失误。

这种认识和管理上的失误,与当年的大学精神相去甚远。当年的大学,无论是教师聘任还是职称评定,都非常简单,没有这么多麻烦。比如潘光旦先生于1930年在一篇文章中曾谈到这个问题。他说:"大学聘请教授,有一个很普通的原则,便是一个'专'字。凡是在某行学问上有专长的,便有被聘请当教授的资格。这个原则是不错的。但是在大学方面,待遇起教授来,也应当有一个简单的原则,也便是一个'专'字。凡是能专诚待遇教授的大学,他一定可以得到教授们的信任和努力。"可见,用"学有专长"的原则聘请教授,以"专诚"的态度对待教授,是大学管理者必须具备的一种素质。

在这篇文章中,潘先生还谈到大学管理的另一个原则,那就是要"使教授们得到精神上的谧静。"这是为什么呢?因为"教授的任务,一半在教导学生,一半也在他的专门学问上继续用功夫,更求造诣的精到,而研究功夫的第一条件便是生活宁静。"这个意见不仅适于年长的教授,也适于年轻的教师。因为做学问和其他事情不同,它需要静下心来,排除杂念,钻研多年,才能有所收获。但是官场的通则却是"官出数字,数字出官"。把这八个字用于学界,则是拿上课的时数、论文的篇数、得奖的次数等一系列数字来考核教师。大学教师整天被各种各样的表格和考核所困扰,自然不会有精神上的宁静。人不能被逼得太急,逼急了往往会出事。如今教师队伍里剽窃造假的丑闻不少,除了当事人本身的原因外,从客观上看,在很大程度上与那些脱离实际的考核教师的制度设计有关。

潘先生还说:对于教授来说,"所谓教导学生,并不专指在课堂上若干小时的知识传授;小之如教授自己做学问的方法,大之如持躬处世的日常生活,都有重大的教育价值;质言之,学校应当使学生和教授的人格有极密切的接触。要有这种接触,第一条件也便是要使教授获得精神上的宁静,因为不宁静,人格便不能充分表现。"这说明给教授们一点宁静,还关系到下一代的成长。这个问题,应该引起有关方面和社会各界的高度重视。

潘先生的这些观点,我曾在一篇文章中谈过;如今旧话重提,无非是想说明教师是一种特殊的职业,要想让他们焕发活力、拥有创造性,最好的办法不是用各种各样的考核评比逼迫他们就范,而是需要提倡自由的思想、独立的精神,并形成尊师重教的社会风气。

另外,关于创建世界一流大学的口号,我以为也是少提为妙。多少年来,我们一直为赶超"世界一流"所困扰,并有过大跃进的惨痛教训。如今的大学,是最需要休养生息的时候。因此,尽管"创建"的设计者早就拟好了宏伟的蓝图,创建计划也已经启动,但是从常识出发,我觉得北京大学还是应该多一点问题意识,少凑这个热闹。

附:潘光旦晚年心愿

清华大学90周年校庆时,我在《清华大学与通才教育》一文中介绍了梅贻琦、潘光旦和冯友兰的通才教育思想。该文在网上发表后,香港《凤凰周刊》最先转载(有删节),并把题目改为《清华大学:培养人还是制造机器？》。该刊之所以使用这个通俗的题目，与拙文援引的爱因斯坦的论述有关。爱因斯坦说："（仅仅）用专业知识教育人是不够的。通过专业教育，他可以成为一种有用的机器，但是不能成为一个和谐发展的人。要使学生对价值有所理解并且产生热烈的感情，那是最基本的。他必须获得对美和道德上的善的鲜明的辨别力。否则，他连同他的专业知识就更像一只受过很好训练的狗，而不像一个和谐发展的人。"

这段话是爱因斯坦在1952年为《纽约时报》撰文时写的，与梅贻琦、潘光旦、冯友兰的主张完全一致。然而就在这个时候，清华大学却被调整为一所工科院校，再加上梅、潘、冯等人先后离去，致使通才教育的传统被迫中断。去年我写《清华大学与通才教育》的时候，以为潘光旦从那时起，就失去了表达思想的自由，或者是像他女儿潘乃穆所说，对历次运动的批判斗争"采取一种有则改之，无则加勉的态度"，因此没有仔细查看其晚年著述。没想到最近看到潘先生的一篇文章，发现他在通才教育的问题上非但没有悔改之意，反而有机会就要强调。该文发表于《文史资料选辑》第七十一辑，题目是《谈留美生活》，其中有这样一段：

"关于通才教育（Liberal Education），美国教育是这种东西，清华实行的也是这种东西。譬如我在美国学的是动物学，特别是遗传学，可是心理学、文学、哲学，我都念。在美国大学有这么一个办法，就是如果你上半年功课好，下半年就可多缺课，最多可以五个星期不上课，任你去干什么，不扣分。我就用上了这一条，自己去转图书馆，逛书库。后来转来转去，莫名其妙的就转到社会学。现在则搞民族史（少数民族的历史），已经搞了十多年了，还搞些翻译。反正这种通才教育出来的人，特别是过去旧大学社会系出来的人，什么都能搞一点。清华实行的是通才教育，我当时就是如此。"

潘先生这话是1965年讲的。鉴于当时语境，他虽然不能像爱因斯坦说得那样尖锐透彻，但还是从个人经历的角度阐明了通才教育之必要。其实，在那山雨欲来风满楼的文革前夕，说这种话是要冒很大风险的；但是为了让青少年了解丰富的世界，体验多彩的人生，摆脱"机器"的命运，他已经顾不上这些了。鸟之将死，其鸣也哀；人之将死，其言也善。潘先生是1967年去世的，可见让清华大学早日恢复通才教育传统，是他晚年的一个心愿。

梅贻琦谈体育精神

许多人认为，所谓体育，不外乎两大功能：一是锻炼身体，磨练意志；二是夺取奖牌，为国增光。这种认识是有问题的。在北京奥运会即将来临的时候，看看当年清华大学校长梅贻琦的相关议论，也许对我们会有所帮助。

清华是有体育传统的。早在民国初年周诒春当校长的时候，清华的体育活动就非常活跃。1928年，梅贻琦还是教务长，就明确告诉学生："须知体育之目标，不单是造就几个跑多快，跳多高，臂腿多粗的选手，不单是要得若干银盾、锦标，除此之外，也许可以说在此之上，还有发展全人格的一个目标"。（《梅贻琦教育论著选》，第8页，人民教育出版社1993年版）后来有人提出，要想提高学生"服务社会，团结合作"的精神，就应该在德育、智育、体育之外再加一个"群育"。对于这种提法，梅贻琦显然不大同意。1934年，已经担任校长的他对学生们说：今天我们提倡体育，不仅是为了锻炼个人的身体，更是为了养成团结合作的精神。我们要借团体项目,去练习"舍己从人,因公忘私"的习惯。他还说:体育比赛的目的不在于能不能取胜,而在于是不是各尽其能,使本队团结合作的精神得到有效表现。在体育比赛中,"胜固大佳,败亦无愧。"假如在比赛之前,有人因为没有取胜的可能就放弃比赛,那是完全错误的。因为他忘记了在团体中应尽的任务。(同上,第62页)

如果说梅贻琦的说法还让我们半信半疑、或者说不大好懂的话,那么看一看储安平早年写的一本小册子——《英国采风录》,就会对什么是体育精神有进一步的理解了。

储安平说,他写这本小册子有两个目的:一是为了比较一下中英两国人民的性格,看看他们在做人做事方面有何异同;二是想探讨一下英国为什么强大,中国为什么衰弱。他说,从个性上看英国人有许多优点,比如注重实际、不尚空谈、正直无私、含蓄幽默、讲究礼貌、坚韧勇敢等等,但是让人感受最深的还是他们所奉行的"费厄泼赖"精神。

费厄泼赖这个词自从被鲁迅当作一篇文章的标题以后,就让人们对它产生严重误读,这实在是莫大的遗憾。储安平说:费厄泼赖(Fair play)这个词很难翻译,它本来是体育术语,意思是说任何体育比赛都是一个整体,一场游戏(game);因此运动员既是比赛的合作者,也是游戏参与者,大家不仅要尊重队友的人格和存在,也要尊重对手的人格和存在;否则比赛就无法进行,游戏也玩不起来。把这种理念推而广之,就形成英国人的一种处世哲学。储安平认为,费厄泼赖与孔子所谓"己所不欲,勿施于人"有点类似,但"己所不欲,勿施于人"偏于消极,费厄泼赖却包含消极和积极两个方面。显而易见,储安平介绍的费厄泼赖精神,在足球比赛中表现得最明显。如今中国足球运动的主要问题,除了场地太少,普及率太低之外,还与有关方面缺乏这种理念,运动员缺乏这方面的教育有关。

举一个类似的例子吧。前几个月，中央电视台"社会记录"专栏曾经介绍过清华跳水队的问题。该队虽然冠以清华大学四字，招收的却是十来岁的孩子，没有一名本校学生。这样做的目的，据说是为了从娃娃抓起，以便出成绩夺金牌。然而由于政策的变化，这些跳水成绩优秀的娃娃们丧失了参加国际大赛的机会。于是大家纷纷离去，致使跳水队难以为继。可见当初成立跳水队的动机就不对。然而人们谈论这件事的时候，只是就事论事，似乎并不明白为什么会出现这种局面。

储安平还说，有了费厄泼赖精神，英国人才能在政治上主张改革渐进，反对破坏性革命；有了费厄泼赖精神，他们才能制定一系列公开、公平、公正的原则，让所有政治势力在全社会监督下共同完成竞选的"政治游戏"；有了费厄泼赖精神，他们做人做事才会坚韧、刚毅、勇敢、平和，才不会作伪、取巧、走极端，施诡计，才有宽容异己的雅量和勇气。才会在处理问题时凭借理性而不是诉诸感情，才不会把个人的恩怨与好恶掺杂在是非之中。这样一来，社会上自有公道，好人自然出头，坏事自然减少，大家都可以光明磊落地在正道上努力。这也是英国人在大学里为什么特别重视体育，并把足球当作国球的原因所在。

其实，老一代大学校长对体育都有深刻的理解，他们认为体育不仅有强身健体的功能，还是一条培养合格公民的道路。比如南开大学校长张伯苓，曾经促成第一届远东运动会的召开，并担任第二届远东运动会（在上海举行）总裁判。此外，他还担任过华北体育运动会会长，中华全国体育协进会名誉会长，国民政府教育部体育委员会委员以及许多大型运动会总裁判。他说：提倡运动目的，不仅在学校，而在社会；不仅在少数选手，而在全体学生。学生在校，固应有良好运动习惯；学生出校，亦应能促进社会运动风气。

又如胡适，1930年中国公学召开运动会，担任校长的他在开幕式上说：大家都在跑，而得奖的只有一人。这其中有合作精神：假如平时的成绩使我们知道这回的锦标一定是属某人的了，难道我们都不跑不跳了吗？不。大家都得加入。有了我们的加入，他才会有第一；没有我们的陪衬，他一个人算不得第一。他得他的第一，我们得我们的训练。他的光荣，便是我们的光荣。胡适还祝愿大家：人人有光荣的胜，人人有光荣的败！

1948年初，胡适得知李宗仁准备参加副总统竞选，认为这是中国实行宪政后的第一次大选，要许多人参加才能充分表现民主精神。于是他写信给李宗仁，一方面表示钦佩与祝贺，一方面说："第一虽只有一个，还得要大家加入赛跑，那个第一才是第一。"

最近，何家栋为崔卫平的译著《通往公民社会》作序时说：在社会的两极之间，存在着一个非此非彼、亦此亦彼的中间地带，或者可以称为模糊地带。一切矛盾冲突都在这个地带通过交流、对话、较量、互相渗透、融合、转化，变成你中有我、我中有你的另一种东西。这是一种合力作用的结果，谁也没有被吃掉，谁也没有被清算，可以说，中间地带就是促进妥协的地带，促进合作而不是分裂的地带，中间地带越扩大，两极地带越缩小，社会也就越稳定，越安全。妥协实现之日，民主就诞生了。

应该明确的是，中间地带的扩大，还需要费厄泼赖精神。

罗家伦与清华大学图书馆

凡是去过清华大学图书馆的人,都对它那富丽堂皇的建筑和高雅肃穆的环境赞叹不已。杨绛在《我爱清华图书馆》中谈到,1932年她去清华大学借读时,中学时代的好友蒋恩钿就对她说:"我带你去看看我们的图书馆!墙是大理石的!地是软木的!楼上的地是厚玻璃!透亮!望得见楼下的光!"一连串的感叹号,表达了这位清华女生的激动和自豪。进了图书馆,杨绛看到那无须油漆的软木地板,便情不自禁地想摸一摸它有多软,是不是可以掐得动。到了书库,她都不敢落脚,生怕把玻璃地板踩碎。资中筠在《清华园里曾读书》中也说:"一进入那殿堂就有一种肃穆、宁静,甚至神圣之感,自然而然谁也不会大声说话,连咳嗽也不敢放肆。……在那灯火通明的大阅览室,浸润在知识的海洋里,有一种无限满足的心灵净化的感觉。"她还说:"第一次爬上窄窄的楼梯进得书库望着那一排排淡绿色磨玻璃的书架,真有说不出的幸福感,外加优越感",这就是她非要考上清华大学不可的原因。

清华图书馆不仅装修考究,馆藏丰富,使用方便,而且还有非常幽雅的外部环境。曹禺说，当年他在那里写《雷雨》，无论是"想到头痛欲裂"还是"写得太舒畅"，都要走出图书馆，才会在春风、杨柳、蓝天、白云、浅溪、绿草和水波上浮荡的黄嘴鸭中，感到韶华青春和自由气息。

毫无疑问，大家都承认清华图书馆在"中国大学中绝对是一流"（季羡林语）。但是人们未必知道，这一切都与一位三十多岁的年轻人有关。这位三十多岁的年轻人，就是清华大学的第一任校长罗家伦。

清华图书馆是1916年奠基，1919年完工的。当时，它与大礼堂、科学馆、体育馆并称为清华园"四大建筑"，其设计与建筑材料属全国之冠。不过到了1928年清华改为大学的时候，这座图书馆却因为藏书太少而落伍了。当时的校长罗家伦只有三十出头，他在就职典礼上表示："清华现在的弱点是房子太华丽，设备太稀少。设备最重要的是两方面：一方面是仪器；一方面是图书。我以后的政策是极力减少行政的费用，每年在大学总预算里规定一个比例数，我想至少百分之二十为购置图书仪器之用。"

尽管罗家伦批评清华的"房子太华丽"，但是在他眼里也有例外，这个例外就是图书馆。他认为"图书馆不厌舒适，不厌便利，不厌书籍丰富，才可以维系读者"，因此他在典礼上还说："我站在这华丽的礼堂里，觉得有点不安；但是我到美丽的图书馆里，并不觉得不安。我只嫌他如此讲究的地方，何以阅书的位置如此之少。所以非积极扩充不可。西文专门的书籍太少，中文书籍尤其少得可怜。这更非积极增加不可。"此外，他还对清华冗员过多、教师地位不高、学术不能独立，也提出尖锐的批评。

购置费增加后，清华图书馆很快就不够用了。为了解决这个问题，罗家伦提出动用清华基金扩建图书馆计划，但是被清华董事会否决。罗家伦发现，当时掌管清华基金的外交部黑幕重重，有人拿它中饱私囊、大肆挥霍。为此，罗家伦一方面以辞职相抗争，一方面向报界公布其中内幕。经过一番努力，清华董事会被废除，清华基金改由中华教育文化基金会代管，从而保证了清华大学在经济上的独立地位。

1930年初，罗家伦在兴建生物馆、学生宿舍和气象台的基础上，又公开招标扩建图书馆。他说，"我对大学建筑计划的基本观念是：图书馆实验室一定要造得坚固，造得讲究，使人进去工作时觉得舒服。体育馆一定也要设备完好，……体育场一定要宽大，要多分几处。至于宿舍，则一定要朴素，乃至于不甚舒适。必须如此，学生才不愿意老躲在宿舍里'高卧隆中'，而乐意上图书馆、实验室、体育馆和操场，发扬青年们蓬蓬勃勃，努力上进的精神。这才是我心目中大学应有的气象。"

除了讲究、舒适以外，罗家伦还有两个原则：一是要为将来发展留下余地，二是要有一个"伟大的阅览室"。关于前者，他说我们要接受芝加哥大学图书馆的教训，该图书馆建成后，没几年就面临书库爆满的困扰，以至不得不另谋出路。为此，他不同意当初要在原图书馆背后加盖一个建筑物，使之形成工字形结构的方案，而是主张把书库建在北面，"使他有很大的地面可以不断的推进。"几十年后，清华图书馆在原来基础上再次扩建，应该感谢罗家伦的远见。至于后者，他富于激情地说道："大阅览室是最可以使人兴奋，最能刺激人好学兴趣的场所。所以这次在西面所建的大阅览室中，预计可设一千个座位，而且每一个或两个座位上都安置台灯。诸位想想，将来有人一踏进这个阅览室，看见一千个青年学子各个都在座位上，面对着绿色的台灯，静静地埋头用功研究——这是何等可以使人感动的气象！"此外，罗家伦还在扩建后的图书馆一层增添许多研究室,供教授使用,这也是他的高明之处。

为了搞好这次扩建工程,罗家伦还亲自勘测地形、绘制草图、参加设计。如今,人们都说扩建的设计者是杨廷宝先生。杨是清华校友,与梁思成有"南杨北梁"之誉。但他只是罗家伦计划的执行者。也就是说,如果没有罗家伦,就不会有曹禺、杨绛、季羡林、资中筠等人津津乐道的清华图书馆。

罗家伦对清华大学的贡献是多方面的。台湾学者苏云峰在《抗战前的清华大学》中说:"人皆以为梅贻琦是清华大学的功臣,而不知道罗家伦的奋斗成果,实为梅氏铺下一条康庄大道。"梅贻琦认为,在大学里大师比大楼更重要。但我觉得,由于大学与中学的最大区别,就在于它不再提供保姆式教育,而是引导学生自己去寻求系统的知识、人生的目标和生命的意义。从这个角度来看,图书馆显然要比大楼和大师更重要。清华大学图书馆养育了一大批文化名人,在这方面罗家伦功不可没。

注:
罗家伦的女儿罗久芳女士对本文提出意见,照录如下:
1,末段——先父是"国立清华大学首任校长"。1925年清华学堂已改制为四年制,并成立国学研究所,但清华基金仍由外交部与美国公使馆管理。1928年才正式成为国立大学。
2,"教授地位不高"这句话并非出自先父的文字。他的批评是:职员过多,地位权力过大;而教员待遇偏重年资而非学识。因之他除了裁员外,还将新聘教授起薪大幅提高。

严济慈和他的老师

每年夏天，都有许多人为子女的升学而焦虑。焦虑的原因，是害怕孩子上不了一个好学校。好的标准，主要是指升学率；至于老师如何，则往往退居其次，或根本不容考虑。其实，老师的人品或者说人格，对一个人的成长至关重要。比如已故的著名物理学家严济慈先生，就遇上了几位很好的老师，如果没有这几位老师，他可能不会有后来的成就。

较早的一位好老师是后来在学界、翻译界颇富盛名的傅东华先生。傅先生早年在浙江东阳中学任教时，严济慈以全县第一名的成绩考入该校。当时傅先生任英文教师，他教学生，不像现在的老师那样，总是让学生背那几本教科书，而是鼓励他们阅读原版的英文小说和英文报刊。在他的影响下，严济慈不仅订阅英国人在上海办的《密勒氏评论报》，还经常向商务印书馆的《英文月刊》投稿，这对于提高他的英语水平非常重要。

中学毕业后，严济慈考入南京高等师范，遇上著名数学家何鲁先生。当时何先生刚从法国留学归来,他好像不太会讲课,所以学生们以罢课表示不满,只有严济慈一个人坚持上课。后来何先生到上海任教,每逢暑假,他总要邀请严济慈前来读书。在何先生的书斋里,严济慈自学了法文,并把何先生带回来的教科书通读一遍,使自己的学问大有长进。何先生看他学有所成,便介绍他认识了商务印书馆的王云五先生。王先生对严济慈有所了解后,就约他写了《初中算术》和《几何证题法》,这两本书影响了好几代人,在数学教育史上有不可低估的作用。

严济慈大学毕业后,他的老师何鲁、熊庆来、胡刚复都鼓励他去法国留学。他得不到官费,三位先生便慷慨解囊,为他筹措川资。到了法国后,严济慈的生活非常窘迫,有时候几乎到了没饭吃的地步。从他写给未婚妻的《巴黎书简》中,可以看出三位恩师一直给他寄钱。据严济慈统计,在最初一年里,三位先生一共资助他780元,占全部费用的3/4左右。需要指出的是,当时何夫人旧病复发,且极其严重;尽管如此,何先生也没有中断对严济慈的接济和帮助。

与中国老师相比,法国教授对严济慈的帮助则别具匠心,更有一番情趣。严济慈读博士时,他的导师是著名科学家夏尔·法布里教授。1927年严济慈完成博士论文后,法布里正好当选为法国科学院院士。在院士就职典礼上,法布里先生出人意料地宣读了严济慈的论文,这对严济慈是极大的鼓励,无上的荣誉,也使他成了一个家喻户晓的人物。至于另一位恩师——居里夫人,对他的帮助也是一言难尽。

这些故事之所以让我感动,是因为如今已经很难找到这样的老师了。我听说,有些老师不仅不会(也没有能力)帮助经济困难的学生,还想从学生身上捞点外快。最常见的作法,是利用节假日为学生补课。作为弱势群体,学生根本不敢不补。于是一个月下来,老师从学生身上挣的钱,是一个很大的数字。还有些大学老师自己不写论文,却要在学生的论文上署名,有时甚至出现先生剽窃学生的现象……。

正因为如此,这些故事便有点白头宫女说玄宗的况味。当然,更重要的是,希望这些故事能为我们提供一点思考和启示。

叶圣陶笔下的胡适

叶圣陶与胡适虽然没有多少交往，却有一些共同朋友。比如顾颉刚，他与叶圣陶是小学同学，考取北京大学以后是胡适的学生和挚友；又如朱经农，早年在上海读书时是胡适的同学，进入商务印书馆以后，又邀请叶圣陶参加新学制教科书的编辑工作。

其实早在朱经农之前，商务印书馆本来是想请胡适加盟的，但胡适一直没有答应。无奈之下，该馆只好邀请他进行实地考察，以便提出改革意见。1921年7月中旬，胡适利用暑假之便抵达上海，与商务印书馆负责人张元济、高梦旦等人商讨改革事宜。苏州第一师范校长得知胡适南来的消息后，也向他发出邀请。7月下旬，胡适到苏州作《小学教师的修养》和《实验主义》等演讲。叶圣陶是苏州人，又是小学教师出身，因此对《小学教师的修养》特别注意。不久，叶圣陶以这次演讲为背景，创作小说《脆弱的心》。看到这篇小说之后，胡适在8月16日的日记中写道："叶圣陶（绍钧）作了一篇小说，用我在苏州的演说作一个影子，颇有意思。附在下面。"遗憾的是，在安徽教育出版社出版的

《胡适日记》和《胡适全集》中,只收了小说第二部分,因此读者很难看到作品的全貌。有幸的是,黄山书社出版的《胡适遗稿及秘藏书信》影印了小说全文,可以弥补这一缺憾。

小说开头是这样的:

> 学校已放暑假,本来喧闹的地方觉得格外地寂静。譬如一个深密的树林,原是小鸟的世界,他们跳跃着,歌唱着,都在那里。一朝小鸟去了,绿沉沉的树林便满被着静寂,这个静寂是异样的,使人疑想这还成个树林么?学校是小孩们的树林,小孩们是学校里的小鸟,现在彼此判离,很容易引起人们的疑想。

紧接着,小说里出现了两位老师——在办公室乘凉的徐先生和莫先生。正如作者所说,面对突然寂静的校园,他们很容易产生"疑想"。于是莫先生向徐先生提出一个问题:"转眼暑假一过,又要上那陈旧的枯寂的轨道了,我们究竟为了什么?我们的趣味在哪里?"徐先生好像比较老成,也比较自信。他回答说:"我们有我们的趣味,我们是有所为而为"的。莫先生认为这是空洞的说教,根本不能解决他的困惑。于是徐先生又解释说:教育是一种"创新"性劳动,教师面对的是纯洁而自然的儿童,只要能够"认识他们各异的个性,辨知他们各异的天才",就会有无穷的趣味。听了这话,莫先生嘲笑道:这是教育家的套话,放在论文里也许可以蒙人,但是在现实生活中,我却不知道教师的趣味究竟在哪里!正当二人争得不可开交的时候,小说的第一部分戛然而止了。

有了上述铺垫,小说很自然地进入第二部分:有消息说,"大学者许博士假期旅行,经过本地,将有一个公开的演讲"。紧接着作者介绍说：许博士是哲学名家，他的关于哲学的著作重印过几十版，他的通俗论文常见于有名的报纸杂志，他的话经常被人们引用，因此许博士将要到来的消息"震荡了莫先生的心……"。

演讲的那天，莫先生和徐先生提前来到会场，"准备受领那先觉者的提撕"。许博士演讲的题目是《小学教师的趣味》，这正好是困扰莫先生的那个问题。

许博士说：小学教师的趣味最多，但这种趣味不在于按部就班照本宣科，而在于用科学态度去发现学生的个性和天分，用试验方法对他们进行指导。如果这种指导能够取得成效，教师的工作就会有无穷的趣味。

除此之外，许博士还进一步指出：

现在的社会何等黑暗啊！教育界应自任为社会的监督者，指导者，和改造者。须知我们不改造社会，社会就要改造我们。我们若是被改造了，还有什么教育可言？所以我们不要怕一切，我们要做，使我们成为动的原力，运转社会使他上改进的道路。更丰富的真趣味就在这个地方！

在整个演讲的过程中，莫先生感到许博士的话有如"动人的音乐"，许博士的人格"有一种吸引的伟力"。演讲结束后，莫先生仍然是"精神异常兴奋，似乎全身的细胞都在跳动。"他觉得，许博士所说的那个"做"字，包含着无限的希望和趣味。他认为，作为一个教师，应该把学生当作艺术品来鉴别和欣赏，而不应该把他们当作同一个模型里生产出来的零件。何况，"谁都有运转社会的可能，谁都应改造黑暗的社会"。

听君一席话，胜读十年书。许博士的演讲，让莫先生获得极大的教益。

注：稿件引文均见《胡适遗稿及秘藏书信》第15册，第358-359页，黄山书社1994年出版

吴大猷谈通才教育

自然科学与人文科学之间的鸿沟由来已久，它不仅制约了科学的发展，也影响到社会的进步。对于这个问题，我曾在《清华大学与通才教育》等文章中指出：对学生过早地实行专才教育，很容易把他们培养成会说话的奴隶、不会思考的机器。这既是个人的悲哀，也是国家的不幸。多年来我国科技界以至全社会缺乏创新精神，通才教育长期缺席是一个重要因素。我过去以为，这是大陆教育的一大失误，最近读《吴大猷文录》（《大科学家文丛》之一，浙江文艺出版社1999年版），看到这个问题在台湾也出现过，只是由于吴大猷等人及时发现并全力纠正，才没有酿成大错。吴大猷是杨振宁、李政道的老师，他在海外工作多年，于国际物理学界享有盛誉，他的话应该有较大的说服力。

吴大猷出身于广东番禺的一个书香世家。他幼年失怙，十几岁随伯父去天津求学，22岁毕业于南开大学，因为学习成绩优异，在老一代物理学家饶毓泰和叶企孙推荐下，获得中华教育文化基金会资助，赴美国密西根大学深造，成为我国历史上第三位理论物理学博士。学成回国后，他先后在北京大学和西南联大任教，培养出杨振宁、李政道、黄昆、马仕骏、郭永怀、马大猷、虞福春等一大批优秀物理学家。杨振宁和李政道曾在许多场合谈到吴先生对他们的影响，1957年获得诺贝尔物理学奖以后，他们都不约而同地向恩师报喜、致谢。

抗日战争胜利后，吴大猷长期旅居海外，先后在美国密西根大学、哥伦比亚大学、纽约大学和加拿大国家研究院从事教学研究工作。直到1960年代后期，他才定居台湾，这也是大陆同胞对他不大熟悉的缘故。回到台湾以后，他看到岛内大学的学科设置越来越细，学生的知识面越来越窄，而人们对专业教育和职业训练却趋之若鹜，以为只有这样才能抢得先机，出人头地。这使他深感忧虑。于是，他利用一切机会大声疾呼，希望尽快改变这种局面。近年来大陆在重理轻文、重应用轻理论方面，与六七十年代的台湾颇为相似，可是我们却很少听到类似的呼声。因此看一看吴大猷当年的议论，可以让我们少走些弯路。

吴先生首先从树立正确的科学观入手，来纠正人们认识上的失误。1976年6月，他以《科学技术与人类文明》为题，在《民族晚报》发表文章说：科学的要义是追求真理，科学的内容不仅包括知识，还包括智慧，"是'知识和智慧'不可分的一体。片断个别的知识，如缺乏了各种知识的融会关系，则不构成科学。"可见对于任何人来说，假如他受的教育太狭窄太专门，就只能掌握一些"片断个别的知识"，而不会通过了解科学的全貌来增长智慧。这种人很可能是一个只见树木不见森林的书簏，或者一台只会工作不会思考的"机器"。

针对人们过分看重实用的倾向，他告诉人们，科学家投身科学的目的，不是为了"有用"，而是为了寻求真理。人类历史上许多重大发明，都来源于纯粹的求知，而不是为了实用。另外，针对自然科学和人文科学之间已经存在的鸿沟，他提出三点意见：第一，人类社会发展到今天，必须"有一个人文与科学合一的文明"；第二，在科学界与非科学界之间，必须沟通思想经常交流；第三，要达到这种沟通与交流，最重要的方式就是教育。

当时的台湾社会，也被一种急功近利的思潮所笼罩，许多人上大学不是为了求知，而是为了找一份好工作。面对这种倾向，吴大猷告诫大家："教育的目的，不只限于知识的传授，尤其是高等教育，其主要任务是教育学生思考"。为了完成这一任务，吴先生明确提出："高等教育的重要责任是将人文学与科学间的鸿沟盖接起来"，这种"盖接"，不是一种表面的点缀，也不是"在文学院加一二科学课程，在理学院加一二人文课程"，而是要在思想观念和政策措施上进行重大改革。拿吴先生的这个观点来衡量，近年来内地大学的"文理沟通"，恐怕还是所谓表面点缀，算不上一种全面"盖接"。因为这种文理沟通，还局限在"提高学生素质"的层面，没有上升到"教育学生思考"的高度。前者的立意是为我所用，后者的出发点才是为人本身。

1982年，吴大猷以《科学、技术、人文学》为题，在《民生报》分三次刊登长文，进一步论述三者的关系。他说，科学和人文学是人类文明的两个方面。就科学而言，由于"高度专门化"和大量使用深奥的观念和术语，它已经"成为极少数专家的私有花园"。这样一来，连那些受过普通教育的人，也很难对科学有个基本了解，即使是受过专门教育的人，对其他专业也是隔行如隔山，根本不知道人家说啥干啥。于是，几乎所有的专业工作者都处于一种老死不相往来的境地。这充分说明人类文明出现了严重的问题，它对于社会的和谐发展和个人的生命体验，都非常有害。他强调，人类社会已经到了一个必须将人文科学与自然科学沟通起来的时代，而这种沟通的任务，只能由教育来承担。不难看出，近年来有些人一再强调所谓专业教育、技术教育的重要性，显然是要重复人家走过的弯路。

在这篇文章中，吴大猷再次强调教育的目的不应该只限于知识的传授，而应该训练学生的思考。他认为只有这样才能启发求知的兴趣，培养学习的习惯。与此同时，他还对纯粹科学、应用科学和技术科学作了比较。他说如果把科学比作一棵树，那么纯粹科学就是树根，应用科学就是枝叶，技术科学就是花果。他指出，假如只想着科学技术的应用而不重视基础理论的研究，那就好像不顾树根枯朽、只想着花繁叶茂果实累累一样，是不可能的。他还指出：纯粹科学的探索需要两个条件：一是要有自由的环境，这种环境应该由大学和学术性研究机构提供；二是要有一批追求知识、追求真理、博学深思、颇具想象力的学者和青年。这两个条件比大楼、仪器、图书、经费等物质条件更重要，是造成学术研究气氛的关键。这与梅贻琦先生提出的"所谓大学者，非谓有大楼之谓也，有大师之谓也"的观点如出一辙。不同的是，吴大猷先生更重视学生，把希望寄托在年轻人身上。文章结束时，他语重心长地说："一个没有纯粹科学的国家，……将永是落后"。

1983年，《中国时报》以"人文与自然科学应如何均衡发展"为题，对吴大猷和余英时进行采访。他们二人是国际知名的自然科学家和人文学家，再加上当时人文科学与自然科学失衡的问题已经非常严重，因此这是一次意义重大、影响深远的对话。对话中，吴大猷进一步分析了纯科学和应用科学、技术科学的区别。他强调：研究纯科学和应用科学的区别，就在于前者的动机很单纯，只是为了求知，根本不考虑实用，也不追求商业性利益；但后者却不是这样。应用科学是利用科学知识和科学原理，对具体的问题或目标进行探讨；技术科学则是把应用科学得到的原理、方法用在更广泛的实际问题上。按理说这本来是老生常谈，为什么吴大猷还要反复强调呢？这说明当专业教育和职业训练甚嚣尘上的时候，人们反而在常识问题上容易出错。正因为如此，吴大猷批评台湾当局"只重视下游的技术，忽略上游基础科学"，在经费分配上也总是应用科学大于纯粹科学、自然科学大于人文社会科学。他认为这是很不正常的现象。

紧接着吴先生又谈到通才教育。他介绍说，哈佛大学在1946年成立了一个委员会，目的有两个：一是要使没有学过科学的人也能对科学有个基本的了解；二是要让人人都知道，不断研究创新是美国科学精神之所在。这个委员会认为，科学的发展不是零零碎碎的技术进步，而是一种根本性的改革。要使人们对科学有基本的了解，最好的办法是借助于通才教育。吴大猷说："通才教育可使学生未来发展时，能有一种宽广的基础，使得念科学的人，也能了解、欣赏人文知识。同样地，念人文的人，如果对科学有清楚的了解，将来如果进入政府机构，在从事政府决定时，就可避免发生偏差。"

我注意到，早在1945年哈佛大学的教授们就以《一个自由社会中的普通教育》为题，提出一个报告。这份报告是在反思两次世界大战、反思人类历史教训的基础上形成的。他们发现，过分强调社会分工和专业教育，有抵消人类合作、增加社会冲突的可能，人类社会的阶级斗争乃至法西斯战争，都由此而产生。这不仅给人类社会带来巨大破坏，也对民主自由构成极大威胁。他们认为，自由社会必须由自由的人组成，每个人都是一个完整的、有机的、自动的个体，唯有充分尊重这个事实，人们才能获得自由。基于这一认识，他们提出自由人格的产生，有赖于普通教育的努力。为什么这样说呢？因为普通教育强调的是"普"、"通"二字。"普"就是普遍，"通"就是通达。不"普"，自由的人格就不会大大增加；不"通"，就无法获得真正自由。因此通才教育又称为普通教育或自由教育。

发生在哈佛大学的这件事，当年就引起清华大学的广泛关注。包括钱伟长、梁思成等人在内的工学院的教授们认为，大学工科教育的目的，是把学生培养成"对社会及人生普通问题有相当之认识"的有理想的工程师，因此"各系专门课程应予减少"，工科学生应该"吸收人文科学与社会科学方面之训练"（《清华大学史料选编》第四卷，216至219页）。与此同时，刚从美国访学归来的冯友兰也发表"论大学教育"的演讲。他说，大学教育的目的应该是"君子不器"。其原因是：第一，人们所面临的不仅仅是吃饭、穿衣等"有用"的问题，除了吃饭、穿衣之外，人类还有很多其他的需要；第二，许多知识和学问对于人生的作用，在短时间内是看不出来的，有些甚至永远也看不出来，强调知识要"有用"，其实是无知的表现；第三，许多"有用的学问已有职业学校及工厂去做了"，这就更需要我们的大学去研究那些看似无用的知识，传授那些好像没有出路的学问。作为哲学教授，冯先生还不无幽默地说：按理说学校训练出来的人一定是会做事的，然而学哲学的能做什么具体的事情呢？"世界上有各种职业学校，就是没有'哲学职业学校'！"（同上，220至223页）

令人遗憾的是，没过多久，清华大学却为了"有用"而走上一条完全相反的路。直到前些年，这个学校才增添了人文学科。但这种做法，是不是像吴大猷所说的，只是"在理学院加一二人文课程"，还没有在思想观念和政策措施上进行重大的改革呢？何况，如今绝大多数人上大学的目的还是为了学习一技之长，以便在残酷的社会竞争中出人头地。这样下去，只能更加激化社会矛盾，使社会问题越来越严重。

在这次采访中，余英时也谈到在台湾和世界各地出现的一些情况，这些情况与如今大陆面临的困境极其相似。他说："我国传统教育的毛病是偏重于通才、不重专业。现在的情形恰好相反。由于社会趋于专业化，个人必须有一技之长，职业才有保障。因此，哪些专长易于找到职业，大家便一拥而上。这种情形当然不限于台湾，美国、苏联等地，亦复如此。例如，目前各国都有许多男女，纷纷学医、法律与电脑。这纯粹是一种以职业为主导的教育取向。这种取向，有予以自觉改变的必要。"

如何才能改变这种不正常的取向呢？余先生的意见是：无论你学什么专业，都应该对专业以外的学科具备必要的常识。只有这样，你"才有资格做一个完整的现代人，并具备综合判断的能力。"他认为，这些问题涉及到考试与教育制度，要彻底解决虽然不是容易的事，但至少也应该做些努力和尝试，"否则就会产生一种流弊，亦即造成一种所谓'对很多事情知道得很少，对很少事情知道得很多'的'专家'。这种专家只有很狭隘的专业或纯技术观点，却无法妥善处理专业以外的重要问题，甚至不能做出正确的判断。"这些话对于那些过分迷信专家的人们，无异于当头棒喝。

最让人感动和钦佩的是，作为一个自然科学家，吴大猷总是站在人类社会健康发展的高度，反复强调人文科学的重要性。他说，随着科技的发展和经济的繁荣，人们的欲望也越来越高，这就使人类陷入一个贪婪的欲壑难填的漩涡之中。其中最明显的是生态环境的破坏和犯罪率不断增高等问题。要解决这些问题，只能依靠人文科学来发展人类的智慧，控制并克服人类的贪欲。他指出，要想让人文与科技"融合起来，成为更高层次的一个文化，着重的是需要改变人类的教育，使习科技的不成为'机器人'，习人文的了解'科技'的性质。"也就是说，当我们兼备人文与科学的更高智慧时，才能摆脱目前的困境。对于这个问题，余英时先生补充说，企图用科技来解决科技问题，无异于饮鸩止渴。这些话对于那些总以为科学技术的发展会解决一切问题的人们，应该有醍醐灌顶的作用。

1984年吴大猷已经年近七旬，但他仍然担任台湾科学教育指导委员会主任和中央研究院院长等重要职务。这一年年底，他在台湾国民大会宪政研讨委员会全体会议上强调：所谓科学精神，乃是科学家追求真理、探索未知的一种思想观念和行为方式；尽管它原本并不是为了实用，但它却是一切技术的"根"。基于这一认识，他主张发展工业不能只停留在"技术引进"的模仿阶段，而应该加强基础科学的研究。与此同时，他认为激发青年学生对科学的兴趣，是中学教育的主要任务。但是，由于"大学联招"（类似大陆高考）存在的问题，使中学教育出现三大偏差：一是课程设置太偏，二是文理分科太早，三是学业负担太重。这就是使大多数学生在学习中只能采用死记硬背的方法，不能理解知识的奥秘和科学的真谛，从而对科学丧失兴趣。为了纠正这些偏差，吴大猷成立了"人文社会学科教育指导委员会"，一方面主持高中教材改革，一方面组织相关教师培训，以便进一步提倡通才教育。

在此之前，吴大猷还在台湾《民生报》发表文章，提出只有推行通识教育（即通才教育），才是解决问题的最好出路。在这篇短文中他指出：台湾初中生毕业后就必须作职业教育或考高中的选择，这就不可能让学生养成求知的兴趣和习惯；至于大学的专业设置，也有过于狭窄的毛病。他认为整个社会对教育有误解，以为上大学就是为了找工作，或以为大学应该对学生进行专才训练，"这些皆是偏狭之见"。他说：大学的"学者和学生都有自由从事所选择的学术"研究的权力，凡是受过大学教育的人，都应该拥有基础知识和科学训练。通才教育的目的，就是要使学生养成广泛的求知兴趣和不断学习的习惯。

1986年，吴大猷在台湾《中央日报》上谈人才培养时，又涉及到这个问题。他说，科学本身就是一个求知的过程，它需要一种纯客观的态度。但如今青年人求学，往往以出路和收入为转移，结果是真正对学问有兴趣的人没有几个。一年之后，已经是80高龄的吴大猷先生在接受《台大研讯》采访时又说："三十年前我来台湾时学生的求学志向都很高，很多有志于基础科学，求学的动机也比较单纯，现在进大学的竞争依旧很激烈，但是很多学生对学术兴趣并不高，只在图个资格。"

吴大猷所说的三十年前，是指1957年他回台湾讲学的时候。当时他在台湾大学讲学四个月，可谓座无虚席，盛况无前。他觉得这里的学生比北京大学和西南联大的学生还要好。吴大猷回台湾讲学是胡适促成的，后来胡在信中对吴说："你此次在台教学四个月，最辛苦，最负责任，所以最有成绩。所谓'成绩'，不在班上那几十个学生的考试成绩，而在你所引起的青年学人的求知向学的热诚……"（《胡适书信集》第1312页）。这些话胡适在许多场合都说过。讲学之后，吴大猷还向台湾当局提出一个发展科学的全面计划，可惜因两岸关系日趋紧张，这个计划曾一度中断。

胡适与吴大猷是一种亦师亦友的关系。在他们的交往中，有两件事值得注意。

一是1947年，胡适曾给白崇禧、陈诚二人去信，提议在北京大学成立一个原子能研究中心,把这方面的第一流物理学家集中起来,"专心研究最新的物理学理论与实验,并训练青年学者,以为国家将来国防工业之用。"在这封信中,胡适列出钱三强、何泽慧、胡宁、吴健雄、张文裕、张宗燧、吴大猷、马仕俊、袁家骝等人,认为这9个人"可谓全国之选"。这件事虽因内战未能实现,但也可以看出吴大猷在学界的地位。当时吴大猷正在国外,他代表胡适与正在英国的"张宗燧谈数次,使其决来北大。"(《胡适来往书信选》中册,第289至293页)张宗燧是著名学者和政治活动家张东荪的儿子,他回国后,不仅没有发挥自己的才能,反而因为父亲在朝鲜战争期间被打成美国特务而受到牵连,并终于在文革中自杀身亡,为历史留下沉痛的一页。

二是1962年,中央研究院举行第五次院士会议,当时担任院长的胡适因为吴大猷、吴健雄、袁家骝、刘大中等四位海外院士都能回台湾出席会议,心情非常高兴。2月24日下午5时,胡适在欢迎新院士的酒会上说:"我今天还可以讲一个故事。我常向人说,我是一个对物理学一窍不通的人,但我却有两个学生是物理学家:一个是北京大学物理系主任饶毓泰,一个是曾与李政道、杨振宁合作证验'对等律之不可靠性'的吴健雄女士。而吴大猷却是饶毓泰的学生,杨振宁、李政道又是吴大猷的学生。排行起来,饶毓泰、吴健雄是第二代,吴大猷是第三代,杨振宁、李政道是第四代了。中午聚餐时,吴健雄对吴大猷说:'我高一辈,你该叫我师叔呢!'这一件事,我认为生平最得意,也是最值得自豪的。"(《胡适之先生年谱长编初稿》第三八九八至三八九九页)出人意料的是,也许是过于兴奋吧,胡适话音刚落,就因为心脏病突发而不幸逝世,因此这段话也就成了胡适的临终遗言。它告诉人们:在我国,人文学者可以培养出世界级物理学家,世界级物理学家又大力提倡人文教育，这其实是自由主义知识分子的一个好传统。遗憾的是，随着胡适、吴大猷等人的离去，这个传统在我们这里被迫中断。因此尽快恢复自由主义和通才教育的传统，才是振兴中华民族的最好出路。

胡适自治日记的启示

清末民初是一个人才辈出、群星灿烂的时代，仅仅在学术思想界，就涌现出梁启超、胡适、鲁迅、陈寅恪等一大批优秀人物。随着社会发展和科技进步，我们这个时代理应培养出更优秀的人才，何况当代家长的望子成龙之心，比任何时代都要强烈。但是实际情况却不尽如人意。为什么会这样呢？我以为教育的失误是一个重要原因。我的这个判断是在阅读当年的历史资料时逐渐形成的。最近看到清华大学出版社出版的《北京大学图书馆藏胡适未刊书信日记》，其中有胡适在澄衷学堂读书时写的部分日记，又给我添了新的佐证。

澄衷学堂是宁波籍富商叶澄衷（原名叶成忠）在1899年创办的。一开始，这个学堂只收宁波籍贫寒子弟，后来规模稍大，就突破了这个限制。胡适是1904年到上海求学、1905年由梅溪学堂转到澄衷学堂的。关于该校的情况，胡适在《四十自述》中有所介绍。他说："澄衷共有十二班，课堂分东西两排，最高一班称为东一斋，第二班为西一斋，以下直到西六斋。这时候还没有严格规定的学制，也没有什么中学小学的分别。用现在的名称来分，可说前六班为中学，其余六班为小学。"一开始，胡适进的是东三斋，相当于初中二年级，下半年升入东二斋，相当于高中一年级，第二年又升入西一斋，也就是高中二年级了。《北京大学图书馆藏胡适未刊书信日记》中所收的日记，就是在西一斋时写的，因此尽管澄衷学堂不能叫做澄衷中学，但编者将它命名为"澄衷中学日记"，也还说得过去。这一点也许并不重要，重要的是日记的写作时间为1906年，它比我们以往看到的最早的胡适日记——《藏晖室日记》"己酉第五册"（1910年）还要早四年，其中包含的历史信息非常珍贵，它为我们了解胡适的成长以及比较两个时代的教育提供了依据。

日记从光绪丙午年正月二十日（1906年2月13日）开始，至同年六月六日（7月26日）为止，共九十余篇。从中可以看到，开学以后，胡适在课余时间并不是埋头读书，而是频繁地参加各种社团活动：二月初十日（阴历，下同），"为本斋自治会第一次开会之纪念日"；二月廿五日，"拟阅书社简章程稿"，大约十天以后该社成立；二月廿九日参加"集益会第五次常会"；二月三十日有人邀请他发起"理化研究会"，他估计没钱购买仪器，故辞之；三月初一，"本斋自治会开第三次常会"，集益会开第一次特别大会；三月初二，西四斋的小同学要发起讲书会，自治会推举胡适为他们拟定章程；三月初四日，有人又发起"算学研究会"……为此，他在三月十六日的日记中写道：自从本斋自治会成立后，其他班级又成立"东二自治"、"西二励学"、"东三自治"各会。此外尚有"理化研究会"、"英语研究会"、"球会"、"运动会"等等。一时间校内社团"相继勃起"，这显然是当时学校生活的真实写照。

据粗略统计，在九十多篇日记中，涉及社团活动的有五十篇左右，占总数的一半以上。也就是说，胡适至少每隔一天就要参加一次社团活动。这些活动既有校内的，也有兄弟学校的，还有安徽旅沪学会的。从日记中看，许多活动是在学校和家长（胡适幼年失怙，由年长的二哥负监护责任）的支持下进行的。为什么老师家长不要求孩子们刻苦读书，反而鼓励他们去参加各种各样的社团活动呢？这就涉及到学生自治问题了。多少年来，学生自治的真谛似乎已被世人遗忘，以至于一提到这个问题，就以为是与学校分庭抗礼，让学生为所欲为。其实，自治就是自己管理自己，按照陶行知在《学生自治问题之研究》中给出的定义，所谓学生自治，就是结成社团，让"大家学习自己管理自己的手续"，养成"自己管理自己的能力"。

那么，为什么要提倡学生自治呢？我以为有以下几方面的原因值得注意：

第一，让学生自己管理自己有利于培养他们的公民意识，有利于社会稳定。

大家知道，今天的学生，就是明天的公民。人民共和国需要的是公民，封建专制国需要的是顺民。公民与顺民的最大区别就是前者要求自治，后者要求被治。不过，自治的能力不是与生俱来的，因此如果学校不注重培养学生自治的能力，那么它所培养出来的学生就不是公民，而是顺民甚至"刁民"。基于这样一种认识，陶行知在上述文章中指出："一国当中，人民情愿被治，尚可以苟安；人民能够自治，就可以太平；那最危险的国家，就是人民既不愿被治，又不能自治。"我想，所谓"刁民"就是这样造成的。从这个意义上看，学生自治是一件关系到国家长治久安的大事。

第二，提倡学生自治，有利于培养他们的团体意识和合作精神。

中国人历来被讥为一盘散沙，不能合作。为此，有人说我们打麻将可以，打桥牌不行；有人说中国人喜欢窝里斗，是内战内行，外战外行；还有人说中国人是典型的"一个和尚挑水吃，二个和尚抬水吃，三个和尚没水吃。"相比之下，在英国却有这样一句谚语："一个英国人是个呆子，两个英国人是场足球，三个英国人是个不列颠帝国。"为什么中英两国会出现如此巨大的差异呢？有些人想从东西方文化上寻找原因，却总是不得要领。还是当年储安平在《英人·法人·中国人》一书中分析得好，他说：英国一直奉行小政府大社会的管理模式，许多事情都由人民自动组织经营。但是，要做好一件事仅仅有组织能力是不够的，还需要大家通力合作。英国人虽然沉默寡言，不善应酬，但是他们的合作能力却是举世公认的。一般来说，英国人对团体都有一种很强的亲和力和责任心，为了团体的利益，他们能够自我约束，自我克制，并充分发挥自己在团体中的作用。英国人这种自我约束、自我克制的能力，是在长期的公民自治的环境中养成的。没有自治，没有自己管理自己的能力，人们就无法克制自己，也不能与别人合作。可见人与人之间的组织和合作，不是盲目服从的结果，而是自我意识的觉醒。因此储安平认为："有组织合作能力的社会，必定征服无组织能力无合作能力的社会"。这是英国率先强大，中国积贫积弱的真正原因。

第三，学生自治有利于形成一种负责任、守纪律的好学风，并进而发挥移风易俗的作用。

当今社会，无论是老师、家长，还是学校、社会，对下一代都过于"关爱"或曰溺爱。最常见的例子，一是孩子上小学家长要送，孩子上大学家长还要送；二是学校为了维持秩序，宁肯雇佣保安，也不依靠学生自治。这其实是对学生能力的忽视，是对学生的人格缺乏信任。过于"关爱"的结果，很容易让青少年产生逆反心理，对其成长有害无益。最好的办法，还是让他们在自己管理自己的过程中培养负责任、守纪律的人生态度。当年北京大学校长蒋梦麟认为，"学生自治，有四大责任"：一是提高学术程度的责任，二是加强公共服务的责任，三是产生文化的责任，四是改良社会的责任。人们常说只有不好的教育，没有不好的孩子。如果青少年不守纪律、缺乏责任心的现象比较严重的话，那就要在教育上找找原因了。试想，在一个严格管理、严密管教和充满不信任的环境中，又怎么能够让青少年遵纪守法，并对学术文化、公共事务和改良社会负起责任呢？没有学生自治，不要说移风易俗、就连良好的学风也很难形成。

在日记中，我还看到当时有一本英文版的《国民读本》，胡适将其中一些重要的话译成中文，其中有一句话是："自治者乃治人之第一着手处也。"那年胡适才15岁，他对学生自治的重视，让我这五十多岁的人觉得惭愧。同时我还发现，当年的外语教学完全是为了应用，而不是为了应试。

最后要说明的是，这本日记的扉页上印着"学界用丙午年自治日记"和"胡洪骍"的字样。胡洪骍是胡适的原名，因此它应该就是胡适的自治日记。

经亨颐与人格教育

正在翻阅曹聚仁所写的《我与我的世界》，电视里传来经普椿女士去世的消息，这使我特别注意到书中对其父亲、著名教育家经亨颐的描述。经先生是曹聚仁在浙江第一师范学校读书时的校长，现在已经很少有人知道了。不过，在素质教育已经是大势所趋的今天，了解一下他当年所倡导的人格教育，或许不无裨益。

经亨颐字子渊，浙江上虞人。据《中国近现代人物名号大辞典》介绍，他"早年加入同盟会和南社。光绪二十五（1899）年，因与伯父联名通电西太后争废立，触怒被缉，偕避澳门，得免。后留学日本，先后八年，卒业于东京高等师范物理科。"对于这件事，曹聚仁的说法大抵相同。他说：经亨颐的父亲经元善，在戊戌变法时任上海电报局局长，和康有为等维新志士关系很好。变法失败后，慈禧太后要废除光绪皇帝，经元善"在上海联合绅商侨民公电北京保护'圣'躬。慈禧接了电报，不禁大怒，立即谕示拿办。经氏的洋朋友李提摩太设法保护了他，把他们一家人送到了澳门。"后来，经亨颐是"从香港转到日本东京去读书的"。从年龄上看，当时经亨颐二十多岁，他在上述事件中究竟起了什么作用，因手头资料有限，只好暂且存疑。

留学回国后，经亨颐担任了浙江两级师范学堂的教务长。该校是浙江第一师范的前身，也就是鲁迅留学归来后就职的那所学校。在这里，鲁迅虽然在与新学监夏震武的斗争中获得"拼命三郎"的美誉，但是他对该校的印象并不好，这也许和化学课上发生的那次爆炸事件有关。（参见王晓明《无法直面的人生·鲁迅传》第39页，上海文艺出版社1993年版）尽管如此，他与经亨颐的私谊还是不错的。《中国近现代人物名号大辞典》说，经亨颐的绰号经亨头，就是鲁迅对他的戏称；另外在1914年3月21日的鲁迅日记中，也有"得子渊母讣，赗二元"的记载。

辛亥革命后，浙江两级师范学堂改为省立第一师范，经亨颐继沈钧儒之后担任了该校校长。曹聚仁说，在此前后担任过这个职务的还有几位，但是在学生的心目中能够真正称得上是"我们的校长"、甚至是我们的"母亲"者，却只有经亨颐一人。这显然与他的教育思想和人格风范有关。

对此，曹氏在《我与我的世界》中有比较详细的叙述。他说，经先生个子很高，说话不多，而且是慢吞吞的。他在诗词、书画、篆刻等方面造诣很高，"是一个富有艺术修养的文士，……然而他并不是一个遁世隐逸的人。"曹还说，为了抵制风靡一时的职业教育思潮，经先生竭力主张在学校要实行人格教育。为此，他聘请了一批品学兼优的教师，其中有被誉为"四大金刚"的刘大白、夏丏尊、陈望道、李次九以及单不庵、李叔同等人。同时，他还亲自给学生上课，讲述修身做人的道理——"他所谓'修身'，并不是'独善其身'的'自了汉'，而是要陶养成一个对社会有贡献的'公民'。"在这方面，书中提到的那个比喻给我留下很深的印象：经先生说，人生好比一碗清水，教育的目的应该是培养学生健全的人格，以便使这碗清水发挥各种作用；而"职业教育，乃是有了味的水；无论什么味的水，都是有了局限性了。"由此可见，经先生所倡导的人格教育，是对人的价值、人的尊严和人的全面发展的充分肯定，是对功利主义教育的有力批判。

为了进一步了解经亨颐，我翻检有限的几本藏书，在朱有瓛主编的《中国近代学制史料》第三辑下册和《郑逸梅选集》中找到两则资料。前者是范寿康先生对他的评介。范也是浙江上虞人，从事教育工作多年，后来在台湾大学教书，80年代初返回大陆定居。他说，经先生担任一师校长时，"不引用私人，不染指公帑，聘良师，久其任，以勤慎诚恕四字为校训，砥砺诸生，成效卓著。……先生主持教育，一本平生所谓'人格教育'之主张，以身作则，刚正不阿，精神大公，思想开朗，注重感化与启发，反对保守与压制。对于学生因材施教，辅导其自动、自由、自治与自律，不加硬性拘束。对于课程，主张全面发展，自文学、艺术、科学、数学以至体育、运动，无不注重。举凡陶铸个人身心各方面之知、德、体、美、群五育，无所不包，而目标则在于培养正直、坚强、学识兼备之人才，为国家服务。"后者是郑逸梅先生所写的一则轶事，收在其《南社社友事略》中。郑说：经亨颐"对于学生的请求，只要理由充足，总是应允的，有一个学生刘质平（一九七八年在沪逝世），在校时耽于音乐，音乐以外的功课，大都不及格，他为了培养音乐专门人材，给以宽容，照样授以毕业文凭，后来刘质平果然成为音乐名家。"

在经亨颐的领导下，浙江第一师范不仅培养出丰子恺、潘天寿、刘质平、曹聚仁、魏金枝、施存统、宣中华等一大批"蔚为国用……皆卓然有立"（范寿康语）的杰出人材，而且在五四期间与北京大学遥相呼应，成为江南新文化运动的一个中心。当时，学生们创办的《浙江新潮》和施存统所写的《非孝》，在社会上引起轰动，经亨颐亦因此获咎，被迫去职。于是，学生们发动了一场声势浩大的"留经运动"。

关于这次学潮的经过，曹书中辟有专章叙述，毋须我再赘言。我想说的是在此之后，经先生为了实现其人格教育的主张和理想，又在他的家乡上虞白马湖畔，创办了一所私立学校——春晖中学。

关于为什么要成立这所私立学校，经先生当年在开学典礼上含蓄地说："近年来奔走南北，有一种感触，觉得官立国立的学校，现在实不能算好。"相比之下，夏丏尊就坦率多了，他在那篇《春晖的使命》中说："你是一个私立的，不比官立的凡事多窒碍。当现在首都及别省官立学校穷得关门，本省官立中学校有的为了争竞位置、风潮迭起、丑秽得不可向迩的时候，竖了真正的旗帜，振起纯正的教育，不是你所应该做的事吗？"

为此，经、夏二人在这里吸引了朱自清、丰子恺、俞平伯、朱光潜等人来这里教书，并结成好友。朱自清说："我们几家接连着，丏翁的家最讲究。屋里有名人字画，有古磁，有铜佛，院子里满种着花。屋子里的陈设又常常变换，给人新鲜的受用。他有这样好的屋子，又是好客如命，我们便不时地上他家里喝老酒。丏翁夫人的烹调也极好，每回总是满满的盘碗拿出来，空空的收回去。白马湖最好的时候是黄昏。湖上的山笼着一层青色的薄雾，在水里映着参差的模糊的影子。水光微微的暗淡，像是一面古铜镜。轻风吹来，有一两缕波纹，但随即平静了。天上偶见几只归鸟，我们看着它们越飞越远，直到不见为止。这个时候便是我们喝酒的时候。"（朱自清《白马湖》。收《朱自清全集》第四卷）朱光潜则说："学校范围不大，大家朝夕相处，宛如一家人。佩弦和丏尊子恺诸人都爱好文艺，常以所作相传视。我于无形中受了他们的影响，开始学习写作。我的第一篇处女作——《无言之美》——就是在丏尊佩弦两位先生鼓励之下写成底。"（朱光潜：《敬悼朱佩弦先生》，《文学杂志》第三卷第五期，1948年10月）

除此之外，当时朱自清还有《春晖的一月》和《教育的信仰》等许多文章问世。他在《教育的信仰》中写道："教育者须有健全的人格，尤须有深广的爱"。由此可见，春晖中学之所以能够把一大批有识之士凝聚在一起，除了白马湖那幽美的自然风光外；显然与这里的人文环境以及经校长的办学主张有关。

其实，人格教育的主张并非经亨颐所独有，而是五四先哲们的共识。蔡元培曾说："中学校学生，当以科学、美术铸成有自治能力之人格"；"大学为纯粹研究学问之机关，不可视为养成资格之所，亦不可视为贩卖知识之所……，尤当养成学问家之人格。"梅贻琦也说，教育的最大目的不在于养成一批批只懂得一种专门学问的专家或高等匠人，而在于培植通才。此外，张伯苓、竺可桢等大学校长们也有类似的见解。令人遗憾的是，不知是基于什么样的考虑，多少年来人格教育的思想并没有成为时代的主流，这是制约国民素质提高的一个最重要的因素。

海德格尔说过，人类在现代社会所面临的根本问题仍然是人格的异化。这异化表现为人的主体性丧失，即人在大众化、划一化、物化、机器化方面的沉沦。爱因斯坦也说：如果"一个人能够洋洋得意地随着军乐队在四列纵队里行进，单凭这一点就足以使我对他轻视。他所以长了一个大脑，只是出于误会"。他认为对于这种人来说，"单单一根脊髓就可以满足他的全部需要了。"人格教育的长期缺席，不仅仅是培养了一批又一批的机器或奴隶，而且还造就了一大批卑鄙无耻的奴才。正因为如此，我才为经亨颐的消失而扼腕，也为人格的沦丧而痛心……

辑三

宪政之梦

丁文江：
知识分子关心政治的榜样

为了去湘西旅游，我搭火车去了长沙。既到长沙，岳麓山乃必游之地。早在1976年暑假我就来过这里，其荒凉破败的景象至今难忘。这次故地重游，很想寻找一点当年的痕迹和历史的记忆。其中一个最大的愿意，就是拜谒丁文江墓地。

丁文江（1887-1936）字在君，江苏泰兴人。他早年留学日本，后来去了英国，先后入剑桥大学和格拉斯哥大学攻读地质学、动物学等专业。学成回国后，他不但在地质调查和地质教育方面取得很大成就，而且在地理学、人种学、优生学、考古学、历史学等领域也有独特贡献。是一位百科全书式的人物。

胡适认为，丁文江从小就出国留学，接受了正规的科学训练，是"一个欧化最深……科学化最深的中国人。"这两个"最深"，不仅表现在学术研究上，还渗透在他的政治理想、社会关怀、为人处世和日常生活等方面。

胡适与丁文江是在五四新文化运动中认识的。当时胡适为了专心从事学术研究，曾决心"20年不谈政治，20年不干政治"。但是丁文江认为："我们有职业而不靠政治吃饭的朋友应该组织一个小团体，研究政治，讨论政治，作为公开批评政治或提倡政治革新的准备。"为此他经常批评胡适，希望他不要放弃干预政治的努力。在丁文江的提议下，胡适于1921年创办《努力》周报，丁文江成为最积极的撰稿人。

《努力》周报第2期，发表了蔡元培、胡适、丁文江、李大钊、陶行知等16位著名学者共同签署的《我们的政治主张》，其中提出当前政治改革的主要目标是建立一个"好政府"。所谓"好政府"有两方面的含义："在消极的方面是要有正当的机关可以监督防止一切营私舞弊的不法官吏"；在积极的方面是要充分运用政治机关"为社会全体谋充分的福利"，并保护每一个人的个性和自由。此外，该主张还提出"今日政治改革的第一步"，就是好人要振作起来，与恶势力做坚决斗争。这一切，都为当今社会提供了很好的榜样。

《我们的政治主张》发表后，在社会上引起很大轰动。北京《晨报》、天津《益世报》、上海《民国日报》以及中国社会主义青年团机关刊物《先驱》都予以响应，从而掀起了一个关于"好政府主义"的大讨论。

讨论期间，丁文江在文章中指出："我们中国政治的混乱，不是因为国民程度幼稚，不是因为政客官僚腐败，不是因为武人军阀专横；是因为'少数人'没有责任心，而且没有负责任的能力。"他认为："只要有少数里面的少数，优秀里面的优秀，不肯束手待毙，天下事不怕没有办法的。"基于这一认识，他公开宣布"谈论政治是我们的唯一的目的，改良政治是我们唯一的义务。"

丁文江不仅喜欢谈论政治，而且还希望在政治舞台上履行自己的义务。1926年，孙传芳任命丁文江担任淞沪商埠督办公署总办。丁文江上任后，在实现地方自治、规划大上海建设、收回租界权益、控制物价上涨等方面做出显著成绩。丁文江的这种见识和能力，不仅在如今的学术界很难找到，相反，有人还套用他的诗句，说他是"出山不如在山清"。

1932年，丁文江又与胡适等人创办了《独立评论》。随后，他在《中国政治的出路》中向国民党提出政治改革的"最低的要求"：第一，要"绝对的尊重人民的言论思想自由"；第二，应"停止用国库支出来供给国民党省县市各党部的费用"；第三，应明确规定"包括实行宪政，设立民意机关"等内容的"政权转移的程序"。

正因为如此，我对丁文江充满敬意。丁文江是1936年应铁道部长顾孟余的请求，在考察粤汉铁路沿线的矿产资源时以身殉职的。丁文江逝世后，亲友们根据其"埋骨何须桑梓地，人间处处有青山"的愿望，把他埋葬在岳麓山上。那天上午，当我来到岳麓山景区门口，在导游图上找到丁文江墓之后，便兴致勃勃地进入景区。但是上山以后，却怎么也找不到墓地在什么地方。向人打听，无论是小卖部老板还是来来往往的游客，都一脸茫然，不知丁文江是何方神圣。直到最后，才在一位退休老教师的指点下，找到通往丁文江墓地的小路。

沿着杂草丛生的小路往下走，好像进入另一个世界。与山上的人声嘈杂、喇叭喧嚣相比，这里给人以"蝉噪林愈静，鸟鸣山更幽"的感觉。因为人迹罕至，所以我怕走错了路。这时恰好过来一位年轻人，他告诉我丁文江墓就在下面。

当我来到丁文江墓前的时候,已经是中午时分。丁文江最喜欢的诗句是"明天就死又何妨!只拼命做工,就像你永远不会死一样!"胡适认为这应该是他"最适当的墓志铭"。但是,在这个当地政府修复的墓地上,除了"丁文江先生之墓"的"官样文章"外,既看不出墓主对政治的关心,也找不到他喜欢的诗句。

墓地虽在,精神难觅!

熊希龄：投身政治改革的典范

到凤凰旅游，主要是为了瞻仰熊希龄故居。

熊希龄字秉三，1870年出生于凤凰古城的一个军人世家。据说他自幼天资聪明，有举一反三、闻一知十的本领，所以有"神童"之誉。他15岁考中秀才，20岁考中举人。中举时考官给他的评语是："边楚蛮荒，前无古人，才华之高，乃三湘有为之士。"随后，他又考取进士，成为翰林院庶吉士。湘西是苗族、土家族聚居之地，凤凰古城地处湘西最西部，经济文化十分落后。熊希龄在科场的成功，使他成了山区飞出来的金凤凰。

熊希龄故居坐落在凤凰古城北文星街的一个小巷里。那天一早，我兴致勃勃来到这里时，看到一座典型的南方木结构小院。小院临街的部分是前厅，里面陈列着熊希龄照片和一些生活用具。我正要抬腿进去，却被门口两位漂亮的女孩拦住,原来参观故居要收门票。我环顾四周,找不到卖票的窗口,便向两位女孩请教。就在这时,手举小旗的导游已经陆续来到。因此这两位女孩只好像门神一样,拒绝回答我的提问。后来我才知道要参观这里的景点,必须购买148元或168元的套票。所谓套票,是把几个景点打包在一起的销售方式。这就像当年物质匮乏时,要买西红柿就必须搭大白菜一样,让我无法接受。于是我只好放弃参观的打算。

尽管在熊希龄故居吃了闭门羹,但我却知道是故乡山水孕育了他刚直不阿、愤世嫉俗的个性,家庭教育养成了他正直善良、乐于施舍的情趣。正因为如此,熊希龄一生至少做了两件大事:前半生投身于政治改革,后半生献身于慈善事业。近年来熊希龄办香山慈幼院已重新为大众所知,有口皆碑,但是他投身于政治改革却没有得到充分肯定。

熊希龄是1894年甲午战争期间被钦点为翰林院庶吉士的。当时他虽然是功成名就,却怎么也高兴不起来。因为他痛苦地发现,在这亡国灭种的紧要关头,清政府不但不加强战备,反而从国库中拿出大把银子为西太后搞什么"六十大寿"。面对那丑陋的场面,熊希龄感到这简直是中国人无上的耻辱。正在这时,湖南巡抚吴大澂电奏朝廷,要求率湘军北上抗日。于是熊希龄决定投笔从戎,随湘军入朝作战,没想到他的要求被两江总督刘坤一拒绝。失望之余,他只好回到长沙。

甲午战争失败以后,熊希龄投书湖广总督张之洞,要求维新变法,改革现行的政治体制。当时张之洞很同情康有为、梁启超等人的主张,因此在社会上名声不错。由于思想接近,意气相投,张之洞任命熊希龄出任两湖营务处总办。

这时，陈寅恪的祖父陈宝箴正在担任湖南巡抚。陈宝箴性格刚毅，为人正派，学识超群，有"海内奇才"（曾国藩语）之誉。他在湖南为官多年，并曾以"辰沅永靖后备道"的名义驻守凤凰城。因此如今的凤凰古城还有陈宝箴的故居。我注意到，这个百年老宅虽然还标有陈氏故居的字样，但已经是"主题博物馆"了。这种称谓，让人觉得莫名其妙。

陈宝箴上任后，首先惩办了一批贪官污吏。有人说情，他就予以弹劾，因而迅速改变了当地官员朋比为奸的混乱局面。1897年，陈宝箴在长沙成立时务学堂，任命熊希龄为校长。为此，熊专程赴上海，请来梁启超担任总教习。时务学堂虽然时间很短，但是却培养出范源濂、蔡锷、杨树达等一大批优秀人才。难怪梁启超会感慨地说："新旧之哄，起于湘而波动于京师。""十八行省中，湖南人气最可用。"

戊戌变法失败后，熊希龄受到革职处分。1905年，五大臣出洋考察宪政，熊希龄又随团出行，并写下赞同宪政的考察报告。1912年，熊希龄担任热河都统，对当地的改革贡献很大。1913年，熊希龄以进步党名誉理事的名义担任内阁总理。在就职宣言中，他明确表示这一届政府要改革政治、发展实业、整顿财政、健全法制、实行地方自治。另外，他还提出"不问党不党，只问才不才"的组阁方针和"司法独立为立宪政治之根本"的治国理念。由于这一届内阁包括梁启超、张謇、朱启钤、段祺瑞等国内第一流人才，因此被称为"第一流人才内阁"。然而，这一切对于醉心于独裁统治的袁世凯来说是无法忍受的，因此袁世凯便利用所谓"热河盗宝案"的莫须有罪名迫使熊希龄辞职，从而为复辟帝制扫清障碍。

离开凤凰古城之后，有一个问题始终在我的脑海中徘徊：在中国，为什么第一流人才总是斗不过下三烂的政客,这难道就是我们这个国家的宿命?

常燕生解读自由主义

1946年6月,比利时自由党成立100周年纪念大会在布鲁塞尔举行。大会闭幕时,参加大会的西欧八国代表签署了《布鲁塞尔宣言》。宣言在强调人类自由精神的基础上,旗帜鲜明地反对各种形式的极权统治。因此这个宣言是二战结束后欧洲自由主义的精彩亮相。消息传来后,常燕生以"自由主义者联合起来"为题,在《中华时报》上发表文章说:

> 自由主义是十九世纪的主潮,它是法国大革命的精神所培育出来的。……自由主义者的主张虽然很多,但归总一句话,是承认每一个人都有独立自由的人格,承认个人人格的尊严及其价值。卢骚在政治上阐发的是这一点,康德在哲学上阐发的是这一点,歌德、席勒等在艺术上表现的也是这一点。
>
> 但是就当一八四八年欧洲的自由主义运动达到了顶点以后,

反动的潮流便相继而起，第一个是俾斯麦的官僚集权主义，第二个是……阶级集权主义，第三个是希特勒、墨索里尼的一党集权主义，这三种势力从各个不同的方面向自由主义进攻，他们一致的主张，是否定个人的价值与尊严，承认个人自由应当屈服于他种目的之下。从此以后，自由主义者在欧洲因为受不住这三种反动势力的相继进攻，渐渐地退却逃避到西半球去。在欧洲，只剩下英伦三岛和西欧法、比、荷、瑞几个残余堡垒，在那里挣扎。

短短三百来字，不仅把自由主义的缘起、主张、命运和发展趋势做了精彩概括，而且还给人以耳目一新的印象。这种见识与能力，显然非一般人所具有。于是，如今的年轻人不禁要问：常燕生何许人也，他为什么如此崇尚自由主义？

常燕生（1898-1947），山西榆次人。有清一代，榆次常家是山西商人中的一支劲旅。据有关资料记载，"在恰克图从事对俄贸易的众多山西商号中，经营历史最长规模最大者，首推榆次车辋镇常家。……尤其到晚清，在恰克图十数个大的山西商号中，常氏一门竟独占其四，堪称清代本省的巨商和外贸世家。"有这样的家庭背景，再加上个人努力，常燕生不仅有《哲学的有机论》、《西洋文化简史》、《文艺复兴小史》、《法兰西大革命史》、《德国发达史》、《十九世纪初年德意志的国难与复兴》、《蛮人的出现》、《历史哲学论丛》、《生物史观与社会》、《社会科学通论》、《生物史观研究》、《中华民族小史》、《全民教育论发凡》、《社会学旨要》、《中国史鸟瞰》、《中国政治制度小史》、《德意志民族自由斗争史》等著述问世，还写了大量的时评、政论和诗词。此外，常燕生担任过多所大学教授，中国青年党负责人和国民政府部长，是学者从政的典型。

常燕生认为："反动势力的高潮，引发了第一次和第二次的世界大战。在这两次世界大战中，全世界都显明地分成了两个壁垒，一方面是集权主义的国家，一方面是自由主义的国家。"幸运的是，每一次世界大战都是自由主义战胜了集权主义。其中又以第二次世界大战表现得更加明显。为此他兴奋地说："这一次大战，打倒了德、日、意三个专制魔王，希特勒葬身火窟，墨索里尼上了断头台，东条之流也快引颈就刑。自由主义的胜利，证明了自由主义的真理，所以才有现下欧洲自由主义运动的复活。"

回顾历史，是为了认识现实。面对当时即将爆发的中国内战，常燕生作了如下分析：这种局面的形成，是因为有"两种反动集权思想，还存在于中国境内。人民在这两种集权思想之下，都没有自由，个人的价值和权利，都不被承认。而这两种集权思想的发展，又竟（相）以人民和国家为其牺牲品。因此自由主义运动在中国的抬头，不但是应该的，并且也是必要的。"

基于上述认识以及国内各种政治力量的表现，常燕生还特别强调："今天大家都在讲民主，但我们以为与其讲民主，不如讲自由。因为民主的口号，容易为集权者所利用，民主其名，反民主其实，不如自由这个口号，比较要鲜明得多。只要你拥护自由，就不应该再去利用任何口实去限制人的自由权利"。这与胡适的看法比较一致。

在上述文章结束时，常燕生指出："中国的自由主义者势力实在太微弱了，需要联合。"他还希望自由主义者"应该与真正的人民站在一起，为拥护中国人民的自由权利，予一切集权势力以迎头的痛击"，而不应该"一味夹在左右两（个）集权势力的中间，打躬作揖，学做调人。"

令人遗憾的是，就在这篇文章发表后的第二年，常先生因病去世，这就使"实在太微弱"的中国自由主义，变得更加微弱。

附：走出山西的思想家常燕生

常燕生（1898——1947）学名常乃惪，山西榆次车辋人。他出生于北京，故以燕生为表字。有清一代，榆次常氏是晋商的一支劲旅。《山西外贸志（初稿）》说："在恰克图从事对俄贸易的众多山西商号中，经营历史最长规模最大者，首椎榆次车辋镇常家。……尤其到晚清，在恰克图十数个大的山西商号中，常氏一门竟独占其四，堪称清代本省的巨商和外贸世家。"从义和团运动起，常家开始衰落；到辛亥革命和俄国十月革命以后，便一蹶不振了。也就是说，常燕生刚刚来到这个世界，就遇上了盛极而衰的家族剧变。

尽管如此，常燕生从小还是接受了良好的教育。据说他五、六岁开始识字，到十四岁便能熟读经史。辛亥革命后，他跟随在外做官的父亲回到家乡，就读于常氏家族开办的笃初学校；不久又进入省城太原的一所中学，并在全省会考中高居榜首，被誉为"山西状元"。1916年，他考入北京高等师范学校预科，并投身于五四新文化运动。随后，他与陈独秀讨论古文、孔教和家庭问题，与胡适讨论"好政府主义"、与张东荪讨论佛教问题。浏览当年的一些著名报刊，比如《晨报》、《时事新报》、《民国日报》、《世界日报》、《努力周报》和《东方杂志》，经常能看到常燕生的文章，当时他才二十多岁。1925年，徐志摩和张奚若在《晨报副刊》发起"仇俄友俄"大讨论，他发表文章说：苏俄政权是假共产之名行专制之实，它不仅与中世纪教皇的作法如出一辙，而且还容易把青年引向歧路。

常燕生是1920年从北京高等师范学校史地部毕业的，随后他曾在北京高师附中、中国公学附中和燕京大学、大夏大学、知行学院、四川大学、华西大学、齐鲁大学任教。教学之余，他还担任过《山西周报》、《醒狮周报》、《青年阵线》、《国论》、《新中国日报》等报刊的主笔，努力实践言论报国的志向。此外，常燕生的诗词也很好。1932年1月28日，日本侵略军进攻上海，十九路军翁照垣旅长打响了淞沪抗战的第一枪。为此常燕生写下歌颂他的长诗《翁将军歌》。当时著名学者吴宓正在主持《大公报》"文学副刊"，吴先生不但发表这首长诗，还给予很高评价。后来吴、常二人多次见面，在吴印象中，常燕生是一个"渊雅静穆，而性情诚厚，纯然文士，绝异政海中"的人物。

常燕生勤于思考，学问渊博，笔力雄健，可惜他英年早逝，去世时还不到50岁。尽管如此，他的著述涉及面很广，且数量惊人。大约在上世纪五六十年代，他的学生为了纪念恩师，曾在台湾出版了一套多卷本的《常燕生先生遗集》，其中收有《哲学的有机论》、《历史哲学论丛》、《生物史观与社会》、《社会科学通论》、《生物史观研究》、《中华民族小史》、《西洋文化简史》、《文艺复兴小史》、《法兰西大革命史》、《德国发达史》、《十九世纪初年德意志的国难与复兴》、《蛮人的出现》、《老生常谈》、《无常与无我》和《中国思想小史》等专著。有关资料表明，未被收入《遗集》的还有《全民教育论发凡》、《社会学旨要》、《中国史鸟瞰》、《中国政治制度小史》、《德意志民族自由斗争史》等著述。此外,《遗集》还收有大量的"政论与时评"(两大本)以及一本诗词集《岭上白云斋诗存》。据这套书的编者黄欣周先生说,常先生在世时虽然笔耕不辍,在报刊上发表过大量的文章,但是由于他并不注意保存自己的作品,再加上这些文章大多写于战争年代,所以"散佚既多,搜集更感困难"。事实的确如此,我只是粗略地查了一下,就发现除上述致陈独秀的几封信未收入《遗集》外,当年发表在《莽原》周刊的《挖论雪耻与御侮》一文也被遗漏。我想这种情况应该不在少数。

常燕生虽然在学术思想上贡献很大,但是多少年来他几乎被世人遗忘。这显然与他参加青年党并在其中担任重要职务有关。抗日战争时期,常燕生代表青年党担任具有"战时国会"性质的国民参政会参政员。抗战胜利后,又担任过国民政府委员等职务。常燕生逝世后,他的一位朋友在追悼会上特别提到他去世前写的两篇文章:《学人与政治》和《无常与无我》。这位朋友认为,前一篇文章表达了"学者不宜从政"的观点,后一篇文章则流露了作者的佛教情怀。在前一个问题上,常燕生是非常清醒的。他说:"学问与事功本属两途,治学需要理智,事业需要意志,……故学人者,最不适于作政治活动者也"。尽快如此,他还是在潜心治学的同时,不得不涉足于政治。难怪吴宓在常燕生逝世后发出如下感叹:倘"使常君不亲政治,长为教授,安居幽处,或可不遽损其天年乎。"一方面要维护学术的独立和尊严,一方面又不能置国家民族之兴亡于不顾,这显然是上世纪中国学者遇到的共同难题啊。

值得一提的是,常燕生虽然走出娘子关,成为一位具有全国影响的学者和思想家，但由于他没有出国留学的经历，因此对民主自由的理解和阐释就受到很大限制。这是《常燕生先生遗集》留给我的一个遗憾。

萧公权和张奚若论政府的本质

近年来有一种说法，认为贪污腐败是世界性的难题，就连美国也不能避免，因此对于国内那些贪官污吏不必大惊小怪。这不仅是认识上的误区，而且也是思想上的退步。因为在数十年以前，我国老一代学者就对这个问题有了相当明确的认识。比如在萧公权的《问学谏往录》就有这样一段话：

"政府是人的组织。组织政府的人（治者和被治者）不是至圣极哲的完人。他们所组织、所运用的政府也必然有缺点（政府品质的优劣与他们政治智能成正比例）。美国也有贪官，这不是值得惊异的事。美国的民主宪政不是完美无疵的政制，而只是一种比较良好的政制。人民大体上有健全的品性便可以运用这种政制而收到大致满意的效果。健全的人民——这是美国的政治资本。他们有时会误选德能不高的总统、议员、官吏。但这些都不是不可挽救的错误。下一次的选举就是他们改正缺失的好机会。"

《问学谏往录》是萧公权晚年所写的一本回忆录。萧于1918年考入清华学校，1920年负笈美国，在密苏里大学和康奈尔大学专攻政治学；1926年回国后，曾在南开大学、东北大学、燕京大学和清华大学任教。抗日战争时期，他与陈寅恪、吴宓、李方桂被誉为成都燕京大学的"四大名旦"，其学术地位由此可见一斑。上面这段话是他当年归国时的一些感想。许多人对他不大了解，恐怕与以下事实有关：他于1949年接受华盛顿大学邀请，再次去了美国，并且一住就是三十多年。

相比之下，大家对另一位政治学家张奚若应该有所了解。张是辛亥革命元老，比萧公权的资历要老得多。尽管二人的学术见解不尽相同，但他们在这个问题上却惊人地一致。1935年，为了纪念五四运动16周年，张写过两篇文章，其中也有类似的论述：

"……政府是由人组成的，不是由神组成的。政府中人与我们普通人一样，他们的理智也是半偏不全的，他们的经验也是有限的，他们的操守也是容易受诱惑的。以实际上如此平常如此不可靠的人而假之以理论上无所不包无所不能的权力，结果焉能不危险。外国人提倡政权须受限制的人不全是傻子。"

该文的标题是《再论国民人格》。在此之前，他还写过《国民人格之培养》，二者是姊妹篇。这篇文章的最后一句话是："修明政治是唯一的生路，而培养国民对于政府措施敢批评反抗（自然非指武力暴动）的智勇精神与人格尤为当务之急。"基于这一认识，张奚若非常尖锐地指出："外国人想拿机器造人，我们偏要拿人作机器。"这两篇文章分别刊登在《大公报》和《独立评论》上。当时，胡适还而写了一篇文章与其呼应，文章的标题是《个人自由与社会进步》。遗憾的是，这种害怕国民批评反抗，甚至拿人作机器的作法，并没有引起后人的警惕。

究竟是组织一个"人的政府"，还是建立一种"神"的统治，是民主与专制的根本区别。在这里，我之所以引述萧、张原文，不过是有感于这样一个事实：虽然我们有过张奚若、萧公权这样的学界精英，却又人为地制造了思想的断层和文化的沙漠，这也是我国政治体制的改革迟迟不能步入轨道的主要原因。

左舜生谈官僚的三大特点

作为中国青年党的领导人之一,左舜生是一个被遗忘的人物。随着时代进步,此人又逐渐受到关注。仅仅在去年下半年,《南方都市报》评论周刊就刊登何家干和范弘的文章,介绍左舜生并谈到其晚年景况。何先生说:"左的晚年和政治的距离越来越远,虽然还是一如既往地反共,偶尔写几篇给同人打气的'反共复国'的文章,但作为一个历史学家,他自己都不会相信哪个朝代成功地卷土重来过。"范弘也说:"大陆易帜后,他避处香港,远离政治,以讲学为生……"。这些说法与台湾学者、《左舜生晚期言论集》主编陈正茂的认识不大一样。陈先生说:左舜生的晚年"虽风雨飘摇,生活艰困,仍不改感时忧国书生论政之初衷,千人之诺诺,不如一士之谔谔,臧否时局,月旦人物,奋其如椽巨笔,口诛笔伐,即使得罪当道,亦无所惧,老成谋国之心,溢于言表。故先生此时期之言论,颇能代表一在野领袖之立场,而此乃编者编纂此书最主要之动机。"正因为如此,《左舜生晚期言论集》的封面印着左舜生的遗墨:"为民主奋斗,为自由努力"。

过去,我对左舜生的了解仅仅局限在他的传奇经历方面,对于其书生论政的风采,也是一无所知。一个多月前,我去台湾参加纪念五四运动90周年学术研讨会,中央研究院胡适纪念馆主任潘光哲先生赠我三套大书,其中一套就是《左舜生晚期言论集》。该书分上、中、下三大册,为中央研究院近代史研究所"史料丛刊"之一种。因携带不便,我将所有书籍打包托运,直到最近才运回来。打开《左舜生晚期言论集》一看,除上述陈先生的那段话之外,还发现其中的许多文章虽然相隔半个多世纪,但仍然是鞭辟入里、切中时弊。比如其中有一篇写于1953年的随笔——《官僚新释》,就把官僚刻画得入木三分。

文章以一位印度朋友对中国的批评为由,给官僚总结了三大特点:一是没有理想,二是手段高明,三是"土洋结合"。

所谓没有理想,是说"他们以为做官就是做官,不一定是做事,更谈不上为人民服务,为大多数人谋幸福。"当然,要掌握这种做官的诀窍,也不容易。比如"一个成了精的官僚,他也有一套本领,至少在处理一件所谓'公事'的上面,往往能做到无懈可击,无论你谈手续,谈条例,谈成案,谈报销……他们总能够办到'面面光',甚至就到民意机关去提出一个报告,也往往能条理整然,文字简练,几乎是一字一句莫不有其根据"。文章指出:由于缺乏理想,他们把安于现状、维持现状当作最大目的;把"恶劣的享受,下流的恭维"当作最大愉快;把八面玲珑、左右逢源当作最佳手段;把得过且过、混一天算一天当作看家本领。

所谓手段高明,是说他们"居之似忠信,行之似廉洁"。这是官僚们阿世取容、立于不败之地的不二法门。那么，为什么要用一个"似"字来形容他们呢？这是因为他们的忠信，只是表现在大庭广众下，如果是独居暗室，"则所打的都是一些鬼主意"。他们的廉洁，也仅仅是在作秀，至于实际生活，则根本不是那回事。文章还说，官场上因贪污而身败名裂者，大抵是其中一些手腕低劣的败类，绝不是这种貌似忠信廉洁而手段比较高明的人。不过，这种人的问题也有很多，其中最主要的有两点：第一，他们虽然身负国家重任，却又无智无识，因此这种人只能守成，不能创业。第二，他们好像既没有功劳，也没有过错，但是国家前途往往会在不知不觉中毁在他们手里。

所谓"土洋结合"，是说官场上既有恪守老套的"土官僚"，又有相对开放的"洋官僚"。"土官僚"的特点是门难进、脸难看，端着一副让人难受的架子；"洋官僚"除了面孔和架子颇有点"洋味"之外，其难看的模样与难受的程度，与"土官僚"基本一样。因此土官僚是"鬼混"，洋官僚是"混鬼"。此外，他们都有大事化小、小事化了的本领，都有盖章签字、公文旅行的"雅兴"，都有移花接木、敷衍塞责的本领，都有把别人痛苦当作自己快乐的喜好……

从以上分析中不难看出，陈正茂先生之所以对左舜生有那样的评价，是因为左是一个有理想、勇担当、敢说话、负责任的人。

南京政府的铁道部长顾孟余

"7·23"动车追尾事故发生以后,我想起了南京国民政府的铁道部长顾孟余。

顾孟余,浙江上虞人,1888年生于河北宛平(今属北京)。他早年考入京师大学堂,后来赴德国留学,先后在莱比锡大学、柏林大学攻读电气工程和政治经济学专业。学成回国后,他曾经应蔡元培邀请,担任北京大学教务长兼德文系和经济系主任。1919年他独具只眼,在《新青年》发表题为《马克思学说》的文章,把马克思理论当作一门"学问"、而不是一种"主义"来研究。1923年,胡适、蔡元培等16名著名学者共同签名发表《我们的政治主张》并提出"好人政治"以后,他曾经致信胡适,表示不同意大家的意见。1925年年底,国共两党联合发动被称为"首都革命"的天安门运动,顾孟余是这次运动的组织者和领导人之一。运动失败后,他因被北京政府通缉乃南下广州,担任过国民党二届中央常委、中央宣传部长等重要职务。南京国民政府成立以后没过几年,他担任铁道部长，开始对铁路系统进行整顿。

这次整顿与多年来铁路建设停滞不前、铁路系统管理混乱有关。整顿内容分以下几个方面：一是按照西方先进的经营方式改善铁路管理，将客运、货运分开，并制定各自的运营标准；二是为降低运输成本，提倡并开展铁路、公路联运；三是加强职工管理，提高办事效率；四是在各铁路局增设监督财务的总稽核，并制定严格的现金管理制度；五是通过更换枕木、更换钢轨、加固桥梁等措施来提高运输能力；六是筹集筑路基金，发行铁路公债，加快铁路建设的速度。

以上举措，在短时间内取得明显成效。其中除了铁路营业收入增加，设备得到明显改善之外，还使一些长期搁置的铁路工程恢复施工。比如粤汉线早在1898年就已立项，1901年动工兴建，但是到了南京政府成立以后，从株州到韶关之间的路段仍未贯通。此外陇海线、浙赣线也有类似情况。"九·一八事变"以后，顾孟余深知全面抗战不可避免，所以尽快打通粤汉线具有非常重要的战略意义。于是，他任命全国最著名的铁路专家凌鸿勋担任株韶路工程局局长兼总工程师。凌鸿勋到任后果然不负众望，终于在1936年4月提前一年让粤汉线全线接轨。这条南北大动脉贯通后，不仅推动了相关地区的经济发展，而且在抗战初期为运送军用物质发挥了重要作用。

两年前我去台湾参加五四运动90周年学术研讨会，在中央研究院买到一本该院出版的《凌鸿勋先生访问记录》，其中谈到了当时的情况。据凌鸿勋回忆，1935年他正在陕西南部考察陇海线，突然收到顾孟余发来的电报让他赶快回去。他以为这位新上任的铁道部长是想了解陇海线的情况，便带了大量资料返回南京。不料顾孟余却让他立刻去湖南上任。为此凌鸿勋说:"……南京见面之后,顾部长要调我到粤汉铁路株韶段当工程局局长,使我非常诧异。株韶段是很要紧的一条路,又可以利用中英庚款的一大笔工款,为什么顾部长找一个他从来没有见过的人担任这件事呢?"

作为铁道部的最高领导人,顾孟余不仅爱才如命,而且还能严于律己,宽以待人。据他的主任秘书陈伯君回忆,当时京沪路和津浦路有一笔钱要送给他,可以作为"特别经费"随便支配,但是他却分文未动。直到离任时,他才决定将这笔钱送给部里的年轻人出国深造。

从上述事例中可以看出,顾孟余虽然不同意胡适提出的"好人政治",但他自己确实是一个两袖清风、一尘不染、唯才是举、任人唯贤的好人。试想,如果顾孟余不是这样,而是利用铁道部长这一"肥缺"大肆敛财,并把亲朋好友安排在重要岗位,那么到了抗日战争开始前后,粤汉铁路很可能会发生追尾翻车等一系列重大事故。

写到这里,我又想起也是铁道部长的刘志军。据说刘志军为了自己的"前途",曾三次结婚;为了个人的淫欲,包养了十几个情妇;为了聚敛钱财,贪污受贿不计其数;为了安插亲信,让自己的弟弟担任了武汉铁路局副局长。这位副局长上任后,不仅贪污4000多万元,还成为湖北的第一"票霸",最后又因为雇凶杀人锒铛入狱,被判死缓。刘志军当政期间,胶济铁路还发生列车相撞的特大事故。但就是这样一位劣迹斑斑的坏人,居然连续多年被评为"优秀党员"和"先进工作者"。难怪老百姓对官场会有如下议论:"不查都是孔繁森,一查就是王宝森"。这恐怕是铁路事故频频发生、从而使和谐号列车不能和谐运行的主要原因。

杜月笙担任
中国红十字会副会长的启示

在人们的印象中，杜月笙是民国年间上海滩的黑社会老大，而中国红十字会则是一个全球性慈善机构。既然如此，杜月笙怎么会担任中国红十字会副会长，并将"人道、博爱、奉献"的红十字精神发扬光大呢？

要回答这个问题，还应该从他的身世说起。杜月笙自幼父母双亡，少年时代就流落社会，当了学徒。因为无人管教，他经常与流氓地痞为伍，并拜在青帮的小头目陈世昌门下。由于机灵敏捷，善解人意，再加上陈世昌的引荐，他很快受到上海滩头号"大亨"黄金荣的赏识。不久，杜月笙成为黄在法租界开设的三大赌场之一"公兴俱乐部"负责人。后来，杜月笙又成立"三鑫公司"，垄断了上海法租界的鸦片买卖，与黄金荣、张啸林并称为"上海三大亨"。

有人说，在"上海三大亨"中，"黄金荣贪财，张啸林善打，杜月笙会做人。"正因为如此，杜月笙经常把开赌场、贩鸦片得到的不义之财用在两个方面。一方面是与社会上层人士交往，从政治要人、商界巨子、文人墨客到帮会骨干，几乎面面俱到。比如下台总统黎元洪、著名学者章太炎、帝制推手杨度、著名律师秦联奎等等，都成了他的座上客。为此，他得到一个"当代春申君"的雅号。黎元洪的秘书长还用一副对联表达对他的敬意："春申门下三千客，小杜城南五尺天"。另一方面，他特别注意对社会低层的救助。多年来，杜月笙总是买下大量预防传染病的药品，送到浦东老家免费发放。遇到天灾人祸，他要组织赈济救助；遇到劳资纠纷，他会维护工人利益。

1927年4月上旬，杜月笙与黄金荣、张啸林在上海组织中华共进会。11日晚，他们参加了蒋介石发动的清党运动，并杀害了上海总工会负责人、中共党员汪寿华。后来，南京国民政府委任杜月笙为陆海空总司令部顾问，军事委员会少将参议和行政院参议。这虽然是些虚衔，但有助于提高他的社会地位。

上世纪30年代，杜月笙认为单纯依靠"开香堂"收徒弟的传统方式已经不能适应青帮发展的需要，同时也限制了各路英雄投奔他的门下。为此，他以"进德修业，崇道尚义，互信互助，服务社会"为宗旨创办恒社。恒社是一个民间社团，它最初成立时只有130人，后来发展到500多人。这些人分布在政治、经济、文化、新闻、电影等领域。不久，他还担任中国红十字会副会长、中国通商银行董事长等职务。

1937年8月日本侵略者进攻上海，中国守军奋起抗战。杜月笙以红十字会副会长的名义，联合各团体组成上海市救护委员会，共救出受伤军民4万5千左右。随后,他把募集到的150万元捐款和毛巾、罐头、香烟等大量劳军物资送到前线。此外,他还应潘汉年的要求,从国外进口了1000套防毒面具,送给八路军使用。没想到新中国成立以后,杜月笙逃到香港,潘汉年则以汉奸的罪名被投入监狱。

南京沦陷后,中国红十字会总会撤到汉口。杜月笙在汉口成立临时救护委员会,将3000多名专业人员组成100多支医疗队奔赴前线。据统计,至抗战结束,中国红十字会救护的军民总数达到260万人。这一成绩固然与红十字会广大工作人员的努力分不开,但杜月笙的领导作用不容忽视。

后来,杜月笙随中国红十字会迁移香港,继续从事战时人道主义工作。当时海外侨胞为抗战捐助的物资,都由杜月笙接收运往汉口或重庆。与此同时,杜月笙还与戴笠合作,搜集沦陷区的情报,布置锄奸策反活动。据说上海另一帮会头目张啸林投敌后被暗杀,就与杜月笙有关。另外,轰动中外的高宗武、陶希圣脱离汪伪集团并公布"汪伪密约"事件,也是杜月笙和戴笠共同策划。

太平洋战争爆发后,日军占领香港,杜月笙撤回重庆,继续主持中国红十字会工作。抗日战争胜利后,他返回上海,高票当选为上海市参议会议长。据说因没有得到国民党支持,他很快辞去这一职务。1949年5月,杜月笙携全家逃到香港,并于1951年在当地病逝,终年63岁。

纵观杜月笙的一生,至少给人以下启示:

第一,就个人而言,幼年的生活环境对一个人的成长影响很大。假如杜月笙生活在一个美满幸福的家庭,从小接受良好的教育,他就不会过早地浪迹江湖，流落社会，去干那些开赌场、卖鸦片的勾当。即便如此，他也有仗义疏财、扶危济困、崇尚儒雅、维护治安、报效社会的良好愿望。由此可见，绝不能用京剧脸谱的模式来评价历史人物。

第二，从社会来看，好的制度可以让坏人变好，坏的制度可以让好人变坏。中国历史奉行所谓"小政府、大社会"的制度模式，县级以下的管理完全依靠社会力量。在这方面，地方乡绅、民间社团起着至关重要的作用，即便是在租界林立的上海也不例外。杜月笙与青帮、恒社以及中国红十字会的关系，都充分说明民间社团在和平时期有维护社会稳定的功能；到了战争时代，则有募集钱物、团结民众和一致对外的作用。

第三，回顾历史，是为了面向未来。但所谓历史，必须真实、可信，绝不能虚构、伪造。杜月笙的经历告诉我们，只要是人，包括由人组成的一切机构，都不可能完美无缺、不犯错误。犯错误不可怕，可怕的是把自己打扮成人间圣人、绝对正确。

第四，杜月笙认为："沦陷时上海无正义，胜利后上海无公道。"他还说："人活在世上要靠两样东西，胆识和智慧。"因此，为了社会的正义和公道，每一个人都应该扪心自问："面对这样一个时代，我有没有胆识和智慧？"

冯玉祥为什么不能"向西去"?

1948年冯玉祥从美国考察归来，乘坐苏联轮船胜利号路过黑海时，据说是因为轮船上的电影胶片突然起火不幸遇难。这究竟是意外事故，还是蓄意谋杀？至今没有一个令人信服的答案。最近我在胡适书信和日记中看到一些材料，或许能为破解这个谜团提供一点思路。

1926年，胡适去伦敦参加中英庚款委员会会议路过莫斯科，在那里住了三天。当时他不仅看到关于苏联教育的统计报告，还参观了革命博物馆和第一监狱。这使他对苏联的社会制度产生某种好感。于是他在信中对好朋友张慰慈说：苏俄虽然是个独裁国家，但是从教育统计来看，他们是在用力办教育的。如果按照这个趋势认真做下去，这种独裁体制是可以过渡到"社会主义民主制度"的。两天后，他又写信对张慰慈说："我这两天读了一些关于苏俄的统计材料，觉得我前日信上所说的话不为过当。我是一个实验主义者,对于苏俄之大规模的政治试验,不能不表示佩服。凡试验与浅尝不同。试验必须有一个假定的计划(理想)作方针,还要想出种种方法来使这个计划可以见于实施。在世界政治史上,从不曾有过这样大规模的'乌托邦'计划居然有实地试验的机会。"

除此之外,胡适在莫斯科还遇到不少中国人,其中除了蔡和森等共产党人外,还有冯玉祥先生。后来胡适在一本小册子中说:

> 我在莫斯科住了三天,见着一些中国共产党的朋友,他们很劝我在俄国多考察一些时。我因为要赶到英国去开会,所以不能久留。那时冯玉祥将军在莫斯科郊外避暑,我听说他很崇拜苏俄,常常绘画列宁的肖像。我对他的秘书刘伯坚诸君说:我很盼望冯先生从俄国向西去看看。即使不能看美国,至少也应该看看德国。

冯玉祥的秘书刘伯坚,早年赴比利时留学,后来到法国勤工俭学。在这期间,他与周恩来、赵世炎等人建立旅欧"少年共产党",致力于革命活动。留法勤工俭学失败后,他于1923年进入莫斯科东方大学,担任"中共旅莫支部"书记。1926年冯玉祥下野后到苏联"考察",他以秘书的身份被安排在冯玉祥身边,显然是为了监视冯的行动。因此胡适的话不可能起到应有的作用。

1926年年底,胡适离开英国,越过大西洋抵达美国。胡适是1910年至1917年在美国留学的。阔别多年之后再次来到美国,他发现这里到处是一派欣欣向荣的景象。据报载,当时美国已经拥有汽车2233万辆,占世界总数的81%，平均每5个美国人就有一辆。有一次，胡适路过一个城市，看到空地上停着上百辆汽车，还以为是举办汽车博览会或汽车比赛。一打听才知道是一个工厂的停车场，里面停放的都是工人的私家车。还有一次，胡适在纽约参加一个讨论会，一位身穿晚礼服的工人代表在台上说："我们这个时代可以说是人类有历史以来最好的最伟大的时代。"这些新鲜见闻和发自肺腑的话，让胡适非常感动。他发现，如果没有民主自由的政治体制，美国就不会取得如此巨大的成就。与此同时，他还注意到美国社会在资本制裁、教育普及、劳工待遇、税收政策和人民幸福等方面都有一套完善的制度。这一切，都大大超出他的预料。

值得一提的是，李大钊在被捕之前，曾托人给胡适捎话，让他开完会以后就马上回来，千万不要"向西去"，但胡适并没有听他的话。到了美国以后，胡适才明白李大钊不想让他"向西去"的真正原因。为了说明这一点，胡适讲了一个"有趣味的故事"。他说，第二年他回国时路过日本，曾经拜访了经济学家福田德三博士。此人刚从欧洲回来，非常同情苏联的主张和作法。胡适问他为什么不到美国看看，他说："美国我不敢去，我怕到了美国会把我的学说完全推翻了。"对于这种人胡适是看不起的。他说：那些不愿意去美国看一看的人，很可能是害怕动摇他们的信仰和学说，这自欺欺人的作法也是一种迷信。

抗日战争胜利后，冯玉祥终于打破这种迷信，勇敢地到美国考察水利。但也许正是因为他违背了"向西去"的禁令，才导致他在苏联轮船上遇难。冯玉祥遇难时，秘书赖亚力也是一位潜伏在他身边的共产党员。对于冯玉祥之死，赖亚力一直守口如瓶。直到改革开放以后，他才对冯玉祥的儿子冯洪达说：胜利号出事以后，苏联方面有一个调查报告，说那场大火是"烈性炸药引起的"。冯洪达问："为什么没有公开这个调查报告呢？"赖回答说：大概是"出于国际和政治上的种种因素考虑吧。"又经过一番追问，赖亚力才承认冯玉祥是死于谋杀，而不是意外事故。

李四光的梦想和
中国第一支小提琴乐曲

提起李四光,大家都知道他是一位著名的地质学家;然而谁能想到,他还是个音乐爱好者,并且写下了中国有史以来的第一支小提琴曲。

李四光出生于湖北黄冈一个私塾教师家庭。他排行老二,取名仲揆。由于家庭教育严格,所以他从小就功课很好。1902年他才14岁(其实是13岁生日刚过),便独自一人去省城投考新式学堂。领取报名表后,也许是有些激动,他竟在姓名栏内填入"十四"(年龄)二字。好在他及时发现错误,遂在"十"字下面加了"八子",成为"李四"。然而李四这名字又太俗,他见大厅中央挂着一块"光被四表"的匾额,又急中生智,在"李四"后面填了个"光"字。

入学后的第二年,李四光因成绩优异,被破格送往日本留学。在日本,他结识宋教仁,加入同盟会,成为该会首批会员中年龄最小的一个。1907年,18岁的李四光考入大阪高等工业学校,学习船用机械,决心走实业救国之路。1910年他学成回国,入湖北中等工业学堂任教。第二年,李四光赴京参加考试,获工科进士功名。这时辛亥革命突然爆发,他返回武昌,被湖北军政府委以理财部参议。南京临时政府成立后,他被推选为湖北军政府实业部长。1913年,李四光因参加革命有功,被临时稽勋局送往英国留学,入伯明翰大学采矿系深造。

李四光学的虽然是工科,却对文学、音乐很感兴趣。1915年,他由采矿系转入地质系,与威尔士教授来往密切。据《李四光年谱》说,当时"李四光喜欢音乐,课余时学会了拉小提琴。有时间就去威尔士教授家即兴演奏,很得他们一家的欣赏。"可见在学习小提琴方面,威尔士先生对他影响很大。

李四光于1918年在伯明翰大学获得硕士学位后,到英国东部一座著名的锡矿山工作。1919年11月,他应中国留法勤工俭学同学会的邀请,前往巴黎作关于工业繁荣与能源开发的学术报告。也许是想表达点什么吧,他在随身携带的一张五线谱稿纸上,写了几句乐曲,共5行19小节,并将自己的英文名(J.S.Lee)和创作时间(22日)、地点(巴黎)写在上面。第二年1月,李四光又在这张五线谱的背面,以"行路难"为题,写了一首完整的小提琴曲。与此同时,他还在稿纸的右上角署上"仲揆"二字,在曲谱的右边,写下"千九百二十年正月作于巴黎"等字样。

乐曲写好后,李四光请好友萧友梅指正,因此曲谱一直保存在萧氏手中。萧的经历与李相似。他于1901至1909年在日本留学,是早期同盟会会员。辛亥革命后,萧担任南京临时政府秘书,因革命有功,被送到德国攻读音乐和哲学。萧于1920年学成回国后,一直从事教育工作,曾创办上海国立音乐学院(上海音乐学院前身),是我国著名的音乐教育家。李四光也是在1920年应北大校长蔡元培的邀请，经德国、波兰和苏联回国的，他的手稿很可能在那时就到了萧氏手中。

李四光回国时已经年过而立，但终身大事尚未解决，这当然会让亲朋好友为他着急。不久，北大化学系教授丁绪贤的夫人介绍他与北京女师大附中的音乐教师许淑彬相识。许女士出身于外交官家庭，她爱好音乐，英语、法语俱佳，还弹得一手好钢琴。二人相恋两年，许家兄长反对，但他们还是结为伉俪。婚礼上两位新人一个拉琴，一个弹奏，在亲朋好友面前展现出一幅琴瑟和鸣、夫唱妇随的美好图景。

李四光的这份手稿，虽然被萧友梅珍藏多年，却几乎无人知晓。直到1990年萧先生的侄女萧淑娴在一篇文章中提起，人们才知道还有此事。后来，经音乐史专家陈聆群查找，才在上海音乐学院保存的萧氏遗物中发现。当时萧淑娴女士还健在，经她证实，这确实就是李四光先生所写的那个曲谱。现在，这份手稿已经被上海音乐学院图书馆收藏。

关于这首小提琴曲的价值，陈聆群教授介绍说：该曲"在浪漫派风格的音乐中，寄寓着这位地质学家对人生的感怀。尽管以作曲技法而论，尚属稚拙，但无论如何它已是有头有尾，像模像样的一首小提琴曲，而且是目前所见有曲谱为证的中国人写作的最早一首小提琴曲，其历史价值是不言而喻的。"至于它的意义，上海音乐学院的陈钢教授的话可谓一语中的。他说："最可贵的是乐曲立意深邃，行路难，这真是中国知识分子苦难历程的一个大概括。"

李白在《行路难》中说："行路难！行路难！多歧路，今安在？长风破浪会有时，直挂云帆济沧海。"这显然就是李四光创作这首小提琴曲时的理想和抱负。

曹汝霖回忆五四运动

曹汝霖（1877-1966）是尽人皆知的历史人物。从1915年到1919年，他因为参与丧权辱国的"二十一条"谈判，并主张牺牲山东铁路主权向日本借款，成为五四运动的主要打击对象。到了上世纪60年代，年近九旬的曹汝霖撰写《五四运动始末》，在香港《天文台报》连载，意在洗刷其"卖国贼"的罪名。随后他又"将清末民初经历之事，择要记录"，形成《曹汝霖一生之回忆》。前不久该书由中国大百科全书出版社出版，引起内地读者的广泛关注，其中让人最感兴趣的就是作者在五四运动中的亲身经历。

据曹汝霖说，五四运动前夕，中国驻日公使章宗祥请假回国，大总统徐世昌设午宴为其洗尘，并请国务总理钱能训、交通总长曹汝霖和币制局总裁陆宗舆作陪。宴会期间，警察总监吴炳湘来电话报告：有一千多名学生聚集在天安门前，他们"手执白旗，标语……攻击曹总长诸位，请诸位暂留公府，不要出府回家，因学生将要游行。"

听到这个消息，曹汝霖当即表示："今学生既归咎于我，总是我有负众望，请总统即行罢免。"但徐世昌却对他安慰有加，并且说学生不明真相，请他不必介意。与此同时，徐世昌让钱能训向吴炳湘下达命令，要求迅速驱散学生，以免事态扩大。

宴会结束后，钱能训约曹、章二人到他的办公室稍事休息，并打电话向吴炳湘传达总统命令。随后，钱多次打电话向吴炳湘了解情况。吴汇报说：他虽然想方设法阻止学生游行，但由于"人庞口杂，颇不容易，恐他们一定要游行示威。"吴还说，天安门前已聚集了2000多人，而且还有继续增长的趋势。

过了一会儿，吴总监又来电话说："卫戍司令段芝贵表示，如果事态继续扩大，他就要出兵镇压。如果他真是出兵，我就不管了。"钱能训深知道警察的职责是维护地方治安，军队的任务是对付外来侵略。因此他立刻在电话中对段芝贵说：这是"地方上事，应该由警察负责，不必派兵弹压。"但是段芝贵却说：按照吴总监的办法，不但不能解散学生游行，恐怕事态还会进一步扩大。就在双方各执一词、争论不休的时候，陆宗舆不知什么时候已经偷偷溜走，曹汝霖一看这种情况，也和章宗祥告辞而去。

曹汝霖和章宗祥离开总统府以后，因为没有其他去处，只好回家躲避。当汽车抵达崇文门附近的曹宅时，警察厅派来的三四十名警察已经在门口守候。看到曹总长回来，为首的警察队长立刻上前行礼，并请示如何保护？曹汝霖心中无数，便没好气地说："这是你们的事，怎么反来问我？"警察队长知道事态比预想的更为严重，便解释说："上司命令要文明对待，因此我们连警棍也没有带。"听到这话以后曹汝霖也很无奈，他苦笑着说："你们看怎么好，就怎么办吧。"于是，在队长的指挥下，警察们只好找了些木板和石块将曹家大门堵上。

不一会儿，只听得外面人声嘈杂且越来越近。曹家上下从来没有见过这种阵势，一时间方寸大乱。正在这时，一块石头越墙而过，砸在一位女仆身上。眼看学生就要冲进来了，曹汝霖只好躲进一间有通道的小屋子，而章宗祥则在仆人引领下藏到又小又黑的地下锅炉房。二人刚刚藏好，学生便破门而入。只听得闯进来的人们一面问"曹汝霖哪里去了？"一面将门窗玻璃、家俱器皿、古玩瓷器等等砸得粉碎。后来不知什么人从车库里取来汽油，浇在客厅和书房等处用火点燃。

这时，躲在锅炉房的章宗祥看到院里起火，害怕无法逃生，就跑了出来。学生们看到他西装革履，以为这就是曹汝霖，便一哄而上，按倒就打。正在这时，一个名叫中江丑吉的日本人赶到，才推开学生将他救出。随后，警察总监吴炳湘也赶到现场，当他下令抓人时，大部分学生已经逃之夭夭。紧接着消防队也前来灭火，但东院的一排房子已经烧成灰烬。

事后吴炳湘向曹汝霖道歉，并将他们全家送到六国饭店，将章宗祥送到同仁医院。据医生说，章氏全身受伤56处，幸好没有危及要害。为此，身为交通总长的曹汝霖派专车从天津将章夫人接来，而徐世昌也把曹汝霖安置到北海附近的团城居住，并派一连士兵保护。

五四运动最终以罢免曹汝霖等人而归于平息，但是曹却认为他是替人受过，因为这一切都与当时极其复杂的国内外形势有关。所以他晚年有诗曰：

八十九年一瞬间，一生事事总堪惭。

惟存笔墨情犹在，留于人间做笑谈。

另外，曹氏在其回忆录的"跋语"中说："我幼受戊戌政变之刺激，后见日本立宪而自强，故醉心于君主立宪。当我从政，已在清季，以书生之见，只知理想，不察实际，以为清廷经甲午庚子两次动乱，元气虽伤，国基尚未破坏，民党起事十余次，卒能随起随平。我并不是保皇党，犹以德宗尚在盛年，虽遭幽禁，终有亲政之一日，重行立宪，以继戊戌未竟之功。"由此可见，当年的曹汝霖确实是一个有理想的年轻人。没想到二十年后，竟然会有这样的遭遇。

盛世才统治新疆始末

抗日战争爆发前后,一大批中共高级领导人和"左翼"文化人士去过新疆,其中包括周恩来、王明、康生、任弼时、毛泽民、陈云、李先念、邓发、周小舟、滕代远、俞秀松、陈潭秋、方志纯、孟一鸣、林基路以及杜重远、茅盾、张仲实、王为一、赵丹等等。他们有的是路过,有的是到那里工作。另外,中央红军经过二万五千里长征后,尽管只剩下三万余人,但还是组织两万多人向西挺进。因此人们自然要问:在那民族存亡的关键时刻,他们为什么要作出如此选择呢?这一切,都与被称为"新疆王"的盛世才有关。

一、1928年"七·七事变"

在介绍盛世才之前,需要先了解一下民国以来新疆的政治状况。

1911年辛亥革命爆发后,迪化(今乌鲁木齐)和伊犁两地的革命党人立刻发动起义以示响应。结果,迪化起义因遭到新疆巡抚袁大化的镇压而失败,伊犁的革命党人则取得胜利。1912年1月,伊犁都督府成立以后,曾经派兵进攻迪化,但由于南北议和的消息传来,双方息兵停战。不久,袁世凯任命原新疆按察使杨增新为新疆都督兼民政长,从此新疆进入一个相对稳定的时代。

杨增新(1867-1928)字子周(又字鼎臣),号荩臣,云南蒙自人。他1889年考中进士,先后在甘肃、新疆两地担任重要职务。进入民国以后,随着政局变化,他在1914年6月担任新疆将军,1916年7月担任督军,1925年1月改任督办,一直掌握着新疆的军政大权。在此期间,他完成了新疆与伊犁的统一和阿尔泰地区的统一,使新疆从四分五裂的状态变成了西北地区的坚固屏障。不仅如此,杨增新在行政方面严厉打击贪污受贿,使官场风气为之一变;在经济方面积极创办民族工业,开垦农田,改变了财政不能自给的状况;在外交方面与苏维埃俄国友好相处,恢复了边境贸易;在民族关系方面重视与宗教界人士的合作,从而缓和了汉族与穆斯林的矛盾。这一切,既有利于维护其统治,也有利于社会稳定。

作为中华民国的封疆大吏,杨增新始终以保持新疆的稳定和统一为使命。他深知如果新疆出了问题,后果不堪设想。他曾经说过:倘若新疆一旦政纲失握,外有强邻之虎视,内有外蒙之狼贪,恐此大好河山将沦陷于异族之手。为此，他对于内地的政坛风云和军阀混战，采取了"认庙不认神"和"纷争莫问中原事"的态度；对内地到达新疆的人员，则注意严加防范。北伐战争胜利后，杨增新发表承认南京国民政府的通电，因此他被任命为新疆省主席兼保安总司令。就在这时，新疆交涉署署长兼军务厅厅长樊耀南突然发动政变，将杨增新杀害。

樊耀南（1879-1928）字早襄，湖北公安人。他18岁考中秀才，1904年被湖北选送日本官费留学，入早稻田大学学习法律。据说他是一位自奉谨慎、品学兼优、多才多艺的人。樊学成回国后正值清朝末年，因不满现实，遂在家乡设馆教书，不问政事。辛亥革命爆发后，樊耀南重出江湖，先后担任新疆法政学堂教员和民国副总统黎元洪的顾问。1917年黎元洪当了总统以后，任命他为新疆阿克苏道尹，后来又担任迪化道尹兼军务厅长、交涉署署长和俄文法政专门学校监督（校长）等职。1928年7月7日，新疆俄文法政专门学校举行首届毕业典礼，邀请杨增新等政要参加。典礼结束以后，樊耀南举行宴会。宴会期间，杨增新被樊耀南埋伏的杀手杀害。

谁知螳螂捕蝉，黄雀在后！正当樊耀南以为大功告成，前往省长公署宣布自己执政时，民政厅厅长金树仁一面派部队固守要隘，保护省城，一面率省政府卫队包围了省长公署。于是，樊耀南在混战中被乱军击毙。这一事件在新疆历史上被称为"七·七事变"。当然，也有人怀疑刺杀杨增新并非樊耀南主谋，而是金树仁所为，或者是苏联在幕后操纵。

金树仁字德庵，1883年生于甘肃河州。杨增新早年担任河州知州时，整顿吏治，兴办书院，金树仁受其恩惠。杨增新主政新疆后，金树仁应其召唤，于1915年西出阳关来到新疆。不久，金参加新疆全省县长考试，以优异成绩胜出，被委任为阿克苏县县长。随后他在基层历练十余年，终因政绩显著升任省公署政务厅厅长。

对于杨增新和发生在新疆的"七·七事变"，著名考古学家徐炳昶曾有如下评价："荩臣将军为一极精干的老吏，实属一不可多得的人才；以人种庞杂、政局不定之新疆，彼竟能随机应付，使地方安靖，洵属功多过少。不过其思想极旧，以为深闭固拒，即可成功；近二三年政治变化，尤在他意料之外，近来因应殊未适宜，故致此变。"当时，徐炳昶是北京大学教务长，同时以中国瑞典西北科学考察团中方团长的身份在新疆考察。考察期间，他与杨、樊二人多有接触。此外，他还拿杨增新与慈禧相比，说杨"思想旧，好愚民，是他极大的短处。"

"七·七事变"以后，金树仁将樊耀南用残酷的磔刑处死，然后召开各级军政要员会议宣布事变经过。于是，他被推举为新疆省政府临时主席兼总司令。随后，南疆北疆的军事将领和少数民族的王公贵族也纷纷通电表示拥护。1928年11月17日，南京国民政府承认新疆"七·七事变"之后的现实，正式任命金树仁为新疆省政府主席。

二、1933年的"四·一二政变"

金树仁主政新疆后，在继承杨增新统治方略的基础上，又有很多创新。为了培养人才，他一方面派人到德国、日本留学，一方面在各县设立中学、在50户以上的村庄设立小学。为了发展经济，他在修筑公路、兴建牧场、改良品种的同时，还利用外资开发本地矿产资源。1929年甘肃大旱，他多次拨款赈济当地灾民，被誉为"恩被全陇"。

当时新疆孤悬塞外，外敌窥伺已久，而中央政府又鞭长莫及，一旦发生冲突，后果不堪设想。为了巩固国防，加强军队建设，金树仁于1930年派省府秘书长鲁效祖到上海、南京等地延揽军事人才。当时正在国民政府参谋本部担任科长的盛世才表示愿意到新疆效力，经过考察，他终于如愿以偿。这一年年底，他辞去原来职务，取道苏联抵达新疆。

盛世才，字晋庸、又字德三，1897年（一作1895或1896）生于奉天（今辽宁）开原盛家屯。他小时候在奉天读书，后考入上海中国公学政治经济科，1917年东渡日本，入早稻田大学留学。1919年回国后弃文从武，入广东韶关讲武学堂学习。毕业后，他跟随教官郭松龄返回东北。回到东北后，郭担任了东北陆军讲武堂教官。当时张学良正在这里学习。经张学良推荐，郭松龄被张作霖任命为奉军第八旅旅长，于是盛世才在他手下当了一名排长。郭对盛非常赏识，不仅让义女邱毓芳（邱父时任团长，是盛的顶头上司）嫁给他，还举荐他到日本陆军大学深造。1925年郭松龄倒戈反奉，盛世才应召回国，在郭手下担任营长。郭松龄兵败身亡后，盛世才逃亡日本，在孙传芳、冯玉祥、蒋介石等人资助下，才完成日本陆军大学学业。1927年盛世才学成回国后，先后担任国民革命军总司令部上校参谋、中央军校附设军官学校教官和参谋本部第一厅作战科长等职务。

盛世才入疆后，由于他来自南京政府参谋本部，金树仁对他颇有戒心，只给了他一个"督办公署上校参谋主任"的闲职。在此期间，盛世才委曲求全，惟命是从，想方设法获得了金树仁的信任。不久，他担任军官学校战术总教官,这为他拉拢学生、培植亲信提供了良好机会。

1931年2月,哈密王府军官和加尼牙孜、总管尧乐博斯发动武装暴动,甘肃马仲英乘机率部入疆,致使新疆陷入大规模民族仇杀之中。为此,金树仁先后派鲁效祖和张培元为总司令、盛世才为参谋长率部前去围剿。经过几个月苦战,先后将马仲英、和加尼牙孜击败。1932年,马仲英派马世明联合和加尼牙孜进攻哈密,盛世才出任东路剿匪总指挥,又将敌人击退。1933年初,马世明率部进犯,盛世才两次解围,将马世明打败。盛世才屡战屡胜,使他获得"常胜将军"的美誉。

1933年4月12日,新疆省政府参谋处处长陈中联合迪化县县长陶明樾、航空学校校长李笑天等人,在归化军首领巴品古特的支持下发动军事政变。"归化军"由十月革命以后流亡到新疆的白俄组成。因为这些人到达新疆后有"归化"的要求,所以金树仁便把他们武装起来为己所用。于是,人们把这支军队称之为"归化军"。归化军骁勇无比,战斗力很强。他们不仅为金树仁镇压各地暴动立下汗马功劳,也因为与金树仁的矛盾而萌发叛乱之意。

政变爆发后,金树仁仓惶逃离迪化,并命令盛世才率部火速返回省城平叛。与此同时,政变领导人陈中也派人来到盛世才的驻地,请他支持政变,共同主持新疆局面。第二天盛世才率部达到迪化城外,但是却按兵不动。这时,陶明樾找到东北义勇军的首领郑润成,请他出兵支援。东北义勇军是"九·一八"事变以后从东北流亡到新疆的一支部队,他们参战以后,迫使据守在城内的政府军很快投降,陈中等人遂控制了局面。4月14日,政变发动者召开会议,商量由谁出面维持局势。由于政变各方均没有足够实力,而盛世才却握有重兵且近在咫尺,再加上这几年他已树立一定的威信,于是大家一致推举盛世才为新疆临时督办,推举教育厅厅长刘文龙为新疆省政府临时主席。这次事件在新疆历史上被称为"四·一二政变"。

三、盛世才控制新疆局面

盛世才上台不久,便通过苏联驻迪化总领事向斯大林秘密提出将新疆划入苏联领土并成为其加盟共和国的要求。但由于当时中苏两国刚刚恢复外交关系,再加上鉴于1904年日俄战争的历史教训,斯大林对日本特别畏惧,如今中日两国交战在即,这将大大缓解日本对苏联的威胁,所以斯大林没有同意。

1933年6月10日,南京中央政府派参谋本部次长黄慕松飞抵迪化,名为"宣慰",其实是为了调查"四·一二政变"的真相。黄慕松下车伊始,便与陈中等人联系密切,从而引起盛世才的猜忌。盛世才害怕陈中等人联合黄慕松取代他的地位,便决定先发制人。6月26日,他以召开临时紧急会议为名,在督办公署埋伏杀手,将应邀前来的陈中、陶明樾、李笑天等人逮捕,随后即以"谋叛罪"将他们押到东花园击毙。于是,在盛世才的逼迫下,作为"钦差大臣"的黄慕松只好悄然返回内地。面对这一局面,南京政府因为鞭长莫及,无可奈何,只好顺水推舟,任命盛世才为新疆督办,刘文龙为新疆省政府主席。这一年年底,盛世才又以涉嫌谋叛的罪名,将刘文龙及其全家软禁,并指定年迈多病的朱瑞墀担任省政府主席。朱瑞墀于第二年3月病死,于是盛世才集军政大权于一身，开始对新疆实行独裁统治。

当时，新疆还有马仲英和张培元两股势力，与盛世才形成三足鼎立的局面。马仲英原名马步英，甘肃河州人，是马步芳的堂兄弟。马仲英拥有兵力一万余人，活跃于北疆等地。张培元有八千多人，占据伊犁一带。盛世才上台以后，马仲英和张培元先后率部进攻迪化，对盛世才形成夹击之势。盛世才除了率部迎战外，还向斯大林求助。1933年10月，他派自己的外事处长以"看病"为名，到莫斯科与苏联当局接洽。随后，他从前线返回迪化，与斯大林派来的特使签订了秘密协定，其中包括苏联向盛世才提供300万卢布的军火（内有30架飞机和机枪、通讯器材）等内容。作为回报，盛世才答应向苏联出让开采黄金、石油和其他矿山的权利，并在新疆修筑一条通向苏联的铁路。此外，盛世才还答应要在新疆"推行和扶植共产主义观念"。

在此前后，盛世才与苏联驻迪化总领事一直保持密切联系。他经常邀请总领事到家里做客，饭后还请对方参观自己的书房，并且说他在学生时代就信仰共产主义，书架上的《资本论》、《共产党宣言》和《列宁主义问题》等著作，就是他的秘密藏书和必修之课。除了这种"精神贿赂"之外，在客人离开时他还有贵重礼物相赠。因此，苏联总领事向莫斯科汇报说：盛世才相信共产主义，对马列主义研究颇有心得。（参见袁南生《斯大林、毛泽东与蒋介石》下册，第648页，湖南人民出版社1999年第1版）

不久，斯大林派苏联红军进入新疆，换上中国军队的服装，先后将张培元和马仲英击败。张培元失败后被迫自杀，马仲英也退往吐鲁番、喀什一带。在此之前，盛世才还以召集军事会议为名，把东北义勇军首领郑润成等人逮捕并处以绞刑。至此，盛世才在斯大林帮助下消灭了全部异己势力，牢牢地控制了新疆的局面。

为了帮助盛世才在新疆的统治，斯大林多次向盛世才提供巨额贷款，其中1935年8月贷款高达500万卢布，1937年1月又提供250万卢布。另外，"斯大林应盛世才之邀，向新疆政府派遣了政治、军事、财政各方面的顾问和技术专家300余人。这些顾问中，有在莫斯科中山大学学习过，或在苏联、共产国际工作过的，原来是中共党员而后来又转为苏共党员的中国人20余人，其中，最著名的是党的'一大'时的共产党员、化名为王寿成的俞秀松。"（同上，第649页）

鉴于盛世才的种种表现和斯大林的战略决策，共产国际于1934年指示中共中央要重视新疆问题，并要求把新疆作为通向苏联的国际通道。为此，张国焘在《我的回忆》中说：1935年长征期间，他与毛泽东在四川懋功会晤，并召开了军事会议。当时毛泽东提出进军陕北、夺取宁夏，从而以外蒙古为靠背的"北进计划"，而他则提出三个行动方案：一是向川北、甘南以至汉中发展的"川甘康计划"，二是毛泽东提出的"北进计划"，三是向兰州以西的河西走廊进军的"西进计划"。他还说："我们从情报中知道，苏联的飞机和军队，曾支持新疆省当局平复了马仲英部的叛乱。从这个消息看来，苏联在新疆有相当的力量，新疆当局似持亲苏立场，如果我们移到河西走廊和新疆去，可能有最佳的退路。在不利情形之下，可以保全较多的干部和军队，撤到新疆的安全地区。缺点却是离中国内地太远，如果蒋介石封锁了河西走廊，苏维埃的旗帜就只能暂时在昆仑山阿尔泰山一带飘扬。"对于张国焘的第三个方案，毛泽东也认为"新疆倒是红军可以休养整理的地方，只是离中国内地太远。"（《张国焘回忆录》第三册，第230页，东方出版社1998年第1版）由此可见，无论"西进"还是"北上"，都与苏联的支持和新疆的局势有密切关系。了解这些问题，对进一步解读中国近现代史颇有帮助。

1936年4月，盛世才在苏联的帮助下，颁布以"反帝、亲苏、民平（民族平等）、清廉、和平、建设"为内容的"六大政策"。一时间，新疆各地红旗飘扬，到处悬挂着斯大林和盛世才（据说还有毛泽东）的巨幅画像。

四、全面奉行亲苏亲共政策

两个月以后，中共中央政治局候补委员、国家政治保卫局局长邓发经过新疆，要到莫斯科向共产国际汇报工作，于是他成为长征以后与盛世才最早取得联系的中共高级领导人。随后，中共中央果断提出"宁夏战役"计划，其要点有二：一是占领宁夏，控制河西走廊，打通与苏联的陆上交通；二是与东北军合作，建立西北国防政府。该计划经共产国际批准后，由中国工农红军组织两万多人的西路军渡过黄河向西挺进，以便打通前往新疆的"国际通道"。为此，共产国际领导人季米特洛夫在1936年9月7日的日记中写道：

在克里姆林宫。

讨论中国问题。

建议：认为可以同意中国共产党人提出的计划草案（通过向宁夏和新疆运送武器支持中国红军等。）

9月11日,他又在日记中说:

确定对中国的决定:

(1) 同意中国红军的行动计划,即占领宁夏的部分地区和甘肃西部,同时明确指出中国红军不得继续向新疆方向推进,否则红军便有可能脱离中国的主要地区。

(2) 提前决定在中国红军攻占宁夏地区后提供1.5万-2万支步枪、8门火炮、10门迫击炮和相应数量的外国制式的弹药。武器将于1936年12月集中在蒙古人民共和国南部边境,将通过知名的乌拉圭洋行售出,为运进宁夏作准备。(《季米特洛夫日记》第46页,广西师范大学出版社2002年出版)

从这里,不难看出中国红军在斯大林心目中的地位和作用。

这一年10月,陈云和滕代远等人从苏联经新疆回国。在离开莫斯科之前,陈云向共产国际再次提出需要大批军火的要求。季米特洛夫对他说,经苏共中央批准,已经准备了90辆坦克、90门大炮和其他武器弹药,一并运往中苏边境。为此,季米特洛夫在12月2日的日记中有如下记录:

1166吨箱装货物(这里指向中共提供的援助——原注)。

由外贸人民委员会负责提供卡车、燃料、弹药等。

已给财政人民委员会发电报,在拨出200万卢布之外,再提供:50万美元,5000卢布(其中15万美元已用于订购外国制式的飞机)。

484名相关专业的军人(驾驶员、技术员、指挥员)将进入新疆政府服役。(同上,第48页)

12月中旬,当陈云、滕代远等人抵达霍尔果斯附近时,看到苏联为他们准备好了大批坦克、大炮等军事物质。但据说是由于西安事变的爆发,苏联当局改变原有计划,致使陈云一行以及大批军火滞留在中苏边境的苏联一侧。

这时,西路军在河西走廊遭到马步芳和马鸿逵的顽强狙击,再加上中央指挥失当,西路军几乎全军覆没。1937年4月,西路军残部一千余人被困在祁连山一带,当时还滞留在中苏边境的陈云受命去号称"新疆东大门"的星星峡接应。为此,盛世才派出专人专车,把陈云、滕代远等人从边境对面接到迪化,并专门设宴招待这些远方的朋友。随后,他根据陈云的建议,派数百名官兵和数十辆军车,载着粮食、军装等大批物资,由迪化出发,前往星星峡寻找弹尽粮绝的西路军残部。当李先念等西路军残余人员被找到时,他们被盛世才的举动感动得流下眼泪。

1937年5月,西路军残部400余人到达迪化,以督办公署"新兵营"的名义进行训练。这些人由盛世才提供给养,由苏联提供枪支、弹药、坦克、火炮、装甲车和飞机等军事装备。

同年10月,中共中央经过仔细研究,决定抽调50名得力干部,由周小舟率领从延安来到迪化,秘密设立八路军驻新疆办事处(对外称"南梁第三招待所")。当时因陈云仍然滞留在迪化,于是中共中央委任他为八路军驻新疆办事处主任。

五、盛世才提出加入中共的要求

1937年11月下旬，王明和康生从苏联回国路过新疆，受到前所未有的欢迎。盛世才利用这次见面的机会，向他们提出两个要求：一是请延安派更多的干部到新疆来工作，二是他自己要加入中国共产党。对于第一个要求，王明立即答应；但是对第二个要求，却因为事关重要他无权决定。据说，当时王明和康生听了盛世才要加入中国共产党的话以后，非常吃惊。大家觉得："盛世才如能加入中国共产党，岂不意味着沃野千里、与苏联为邻的新疆，不费一枪一弹便成了共产党的天下？！"（《斯大林、毛泽东与蒋介石》下册，第652页）

据《斯大林、毛泽东与蒋介石》一书分析，盛世才的要求引起了毛泽东的极大兴趣和重视。证据之一是毛泽东把他的弟弟毛泽民和数十名亲信派往新疆，并被盛世才委以重任；证据之二是中共中央政治局原则上同意了盛世才的入党要求。因此，1938年3月任弼时到莫斯科汇报工作路过新疆时，曾经对盛世才说：中共中央政治局同意他入党，"但由于多年来新疆与苏联的密切关系，此事非请示斯大林和共产国际不可。"（同上）

这时，盛世才与苏联的关系更加亲密。1938年初，苏联未经中国中央政府同意，就派一个骑兵团和一个空军支队进驻哈密。为了掩人耳目，该团采用新疆地方军队的番号，对外称归化军骑兵第八团，简称"红八团"。这个团的实际人数有一个旅之多，是一支配备了飞机、坦克的机械化部队。它不仅严重地侵犯了我国主权，还扼守着我国内地通往新疆的咽喉要道。

与此同时，盛世才还先后办了三件大事：一是以新疆各族人民支援抗战的名义，将大批衣物和军火运往延安；二是根据陈云带来的指示，尽快从新兵营中选拔一批优秀人才到新疆航空学校和兽医学校学习专门技术；三是经八路军办事处第二任主任邓发同意，从新兵营调黄火青担任"新疆民众反帝联合会"秘书长兼审判委员会委员长。

1938年10月14日，邓发通过共产国际远东地区联络员向莫斯科发来电报说："飞行员训练班的25人中已有24人能够独立飞行了，训练班将于11月5日结束，17名技师也在学习中取得了成绩。但是督办只有已经超过飞行期限并对高级飞行有危险的Y-2型和P-5型飞机。请拨给我们三架供高速飞行、轰炸和歼击训练的飞机。"为此，季米特洛夫要求"最好能满足他对调拨教练机的请求。"（《季米特洛夫日记》第81页）一年以后，盛世才又从"新兵营"中挑选30多人送往苏联，以便为新疆培养更多的人才。

六、盛世才秘密加入苏联共产党

为了进一步讨好苏联，盛世才觉得有必要亲自去苏联一趟。于是在1938年8、9月间，盛世才携全家以妻子"看病"为名秘密前往莫斯科。

对于盛世才访问苏联，国民政府并不知道。曾经长期在中国工作过的苏联外交官А.М.列多夫斯基根据俄罗斯联邦总统档案馆档案和相关资料，对这次会谈作了介绍。列多夫斯基说：斯大林、莫洛托夫和伏罗希洛夫在克里姆林宫接见了盛世才。当他回答了斯大林提出的一系列问题（其中包括新疆的托派、军队、资源和民族问题等等）之后，还向对方提出了加入苏联共产党的要求。下面是有关这方面的档案资料：

会谈记录中指出，他（盛世才）对自己要求入党的愿望作出的解释是，他了解马恩列斯的学说之后，知道这是惟一必须信奉的学说，况且他根据经验确信，世界上惟一的社会主义国家的政府不是在口头上而是在实践中援助较弱小的和被压迫的民族，所以他要求入党的愿望增强了。现在他得到了这样幸运的机会，亲自同世界无产阶级的领袖斯大林同志交谈，因此决定利用这个机会来表达自己的要求。如果斯大林同志认为可以接受他入党，那他是很幸运的。

斯大林同志回答说，如果督办非常坚持这个要求，那他不反对，但是伏罗希洛夫同志说，这会损害督办的工作，因为蒋介石和杨大使（中国驻苏大使）知道后都会很不满的。

督办回答说，这需要保守秘密，无论蒋还是杨都不知道此事。（《斯大林与中国》第223页，新华出版社2001年出版）

上世纪50年代，已经到了台湾的盛世才也谈到当时的情况。他在自己的回忆录中写道：

我对斯大林说："我是马列主义的忠实信徒。一九三七年，我通过陈绍禹、康生和邓发，申请加入中国共产党，中国共产党政治局的毛泽东、朱德、周恩来、陈绍禹、康生、邓发、陈云和任弼时等人对此一致同意了，但又说要与第三国际商量之后再作最后决定。"最后我说："我希望能迅速受到党的考验和教育。所以，我也很渴望知道你们（引者按：指斯大林等人）关于我加入中国共产党的决定。"斯大林立刻明确地回答说："你现在就可以入党。你回新疆之前，我会再次和你谈这个问题。"（转引自李嘉谷：《新疆军阀盛世才秘密加入苏联共产党》，《百年潮》2000年第8期）

接下来盛世才继续写道："当我们正准备返回的时候，一位党的官员带着斯大林的指示来旅馆拜访我。根据这个指示，这位格鲁吉亚独裁者（引者按：指斯大林）个人的意见是给予我特殊的照顾，立即吸收我加入苏联共产党。换句话说，即使我是中国人，也可以做俄国共产党员！这位特使又要我签署了服从莫斯科政治局的宣誓书，而在这之后我将被'批准'加入中国共产党。我犹疑不定的心情安静下来之后就表示了同意。以后不久，第二位官员给我带来了党证，号码是1859118和一本党章。"（同上）

随后，盛世才还与苏联签订了不平等的《新苏租借条约》（亦称《锡矿协定》）。条约签订后，苏联在新疆获得了驻兵、采矿、征用土地、出入境运输、利用一切自然资源、装设电话和无线电台等特权。为此，美国历史学家艾伦·惠廷认为：这个"协定给予莫斯科在新疆享有非常广泛的特权，以致使新疆成为一个既不受乌鲁木齐控制也不受中央政府控制的国中之国。"（《斯大林、毛泽东与蒋介石》下册，第657页）

盛世才与苏联反目以后，曾经向蒋介石描述了这个条约的签订过程。他说："一九四一年十一月间，苏联派员秘密到新疆来，给我一个绝对秘密文件，系租借新疆锡矿条约，内容非常荒谬与不合理，完全带有侵略性质。彼时职要求修改内容，以及缩短租借年限，苏方来员答复谓：你一个字都不能修改，你系联共党员，应该服从党的命令，更应该

为苏联的利益作斗争。"（同上，第657-658页）

此外，在1941年1月，盛世才再次向苏联提出成立新疆苏维埃共和国并加盟苏联的要求，但斯大林基于其战略利益的考虑，还是没有答应。

七、毛泽民执掌新疆财政大权

如前所述，抗日战争爆发前后，一大批中共领导人来到新疆工作，或者是经过新疆前往苏联"看病"，毛泽东的大弟弟毛泽民就是其中一个。

毛泽民字咏莲，后改为润莲，1896年生人。他从小在家乡务农，只读过4年私塾。在毛泽东的影响下，他于1922年加入中国共产党，并成为一个职业革命家。1925年以后，他离开湖南，先后在广州、上海、天津等地从事革命活动。1931年他来到江西瑞金，担任中华苏维埃共和国临时中央政府银行行长，协助毛泽东掌管财政大权。1934年10月中央红军开始长征，他负责筹粮筹款和保障供给等工作。红军到达陕北以后，他担任国民经济部部长，继续负责财政工作。

1938年2月，毛泽民携第二任妻子钱希均（第一任妻子系小脚妇女王淑兰）赴苏联"看病"，从延安路过迪化。盛世才要求他留在新疆，他经过中共中央批准，化名周彬留了下来。盛世才任命他为新疆省财政厅副厅长，代行厅长职务。

同年4月，毛泽民写信向中共中央汇报新疆的财政情况和改革新疆财政的设想之后，又提出两个要求：一是请党中央派一批能理财、懂会计的干部来新疆工作,二是希望把陕甘边区政府制定的关于财经方面的法令、文件寄过来,以备参考。为此,毛泽东在批示中说:"请陈云同志替他办,财政事情第一要紧,不但那里好,将来也大有助于我们。"(《新民主主义时期中国共产党在新疆斗争纪事》第17页,解放军出版社1985年出版)随后,中共中央从延安抗日军政大学和陕北公学选派一批党员干部,乘汽车来到迪化,其中有毛泽民后来的第三任妻子朱旦华。

朱旦华来到新疆以后,先在迪化女中担任教导主任,后来又担任反帝会女中分会指导,省政府政务委员会委员和省妇女协会秘书长等职务。反帝会的全称为"新疆民众反帝联合会",是盛世才成立的一个类似政党的组织。它的会长是盛世才,历任秘书长是俞秀松、黄火青、万献廷、王宝乾等共产党人。

1938年9月底,新疆召开第三次全省代表大会,大会通过了由黄火青和毛泽民等人起草的《大会宣言》等文件。为此,朱德、彭德怀代表八路军发来贺电称:"新疆自四·一二革命以来,在督办的正确领导之下,……创造了有利于各族人民的许多事业,使政治、文化、经济建设突飞猛进。"(同上,第20页)大会期间,毛泽民由财政厅副厅长改任代理厅长的职务。

毛泽民掌握新疆的财政大权以后,认为新疆币制不统一给流通带来很大不便,于是他进行了币制改革。在毛泽民的提议下,官商合办的新疆省商业银行于1939年元旦正式成立。该银行官股占60%,为大洋300万元;商股占40%,为大洋200万元。2月1日,新币在新疆全境正式发行,原有的旧币一律作废。为此,毛泽民制定的兑换标准是"旧省票四千两(后改为六千两)兑换新币一元,喀票(喀什地区货币)一百六十两兑换新币一元。"（同上，第27页）与此同时，为了完成币制改革，贯彻新的税制政策，毛泽民在全省财经系统和各地税务部门安排了大批共产党员担任重要职务。

1939年11月，新疆省政府公布了由毛泽民重新修订的《新疆省限制金银出境暂行办法》。该办法"规定每人只限佩带饰金二两，饰银五两出境，超过规定者均没收，并以扰乱新省金融，破坏抗战后方论罪。"（同上，第41页）

但是这一切非但没有改变新疆的财政困境，反而让整个社会陷入极度的物质匮乏之中。为了应急，毛泽民在1938年发动"募集寒衣运动"。据《新疆日报》报道："迪化全市各单位共捐银票六百九十二万九千一百两。……远在苏联学习的盛世琪、陈秀英夫妇亦捐献省银票一百万两。"（同上，第22页）盛世琪是盛世才的四弟，他们夫妇捐献的数额居然可以与全市总数相媲美，可见他们占有巨额的财富。

为了"支援前方抗战"，毛泽民还发起"献金运动"。据说在这次运动中，由于"各族各界群众涌跃献金，其中有六、七十岁手扶拐杖的老太婆和七、八岁的小娃娃，甚至乞丐亦将其平日仅有之一点钱交到献金台去"，所以"到1939年底，共捐款二百余万元。"（同上，第42页）

1940年年初，担任阿克苏行政长的黄火青发布训令称："本区发现贫民沿街沿门或在通街大道，桥梁要口呼喊乞讨，有失地方观瞻之雅。各县应查实，对其中老弱病残，无依无靠不能工作谋生者，每月发食面三十斤以维持生活。"（同上，第44页）

1940年2月，毛泽民从苏联"看病"回来以后，他的妻子钱希均已经离开新疆返回延安。据《革命与爱：毛泽东与毛泽民的兄弟关系》（中国青年出版社2011年出版）一书说，钱女士后来有这样的回忆："当时，我很想不通，苏联派来许多飞机，运来大量的物资支援中国的抗日，我们不去抗日前线，却在这里与军阀搞统战。"在1939年冬党组织同意她返回延安，并批准了她的离婚要求。

1940年5月，毛泽民经邓发介绍与朱旦华结婚。第二年他们的儿子出生，毛泽民为了纪念这个出生地，为他取名毛远新。毛远新在文化大革命中担任毛泽东的联络员，因此而红极一时。

这时候，尽管新疆的财政危机已经非常严重，整个社会也陷入极度的物资匮乏之中，但是当局仍然在组织群众大搞歌咏比赛。据有关资料记载，1941年1月29日，"因市面羊肉缺乏，羊肉商趁机抬高市价。为了稳定市场肉价，改善群众生活，财政厅召集羊肉商人开会，毛泽民讲了话，他要求各肉商售肉以合理化为主旨，不得任意抬高肉价，从中渔利。"（《新民主主义时期中国共产党在新疆斗争纪事》，第57页）到了2月25日，财政厅又组织平价委员会"召开商界大会，会上宣布了对囤积货商的处罚。毛泽民出席了会议，并作了重要讲话。同日下午，反帝总会在总会办公厅召开第六十六次常务干事会议。秘书长王宝乾主持会议。会议决议编制反帝会会歌、新疆民众俱乐部组织章程，举办维族歌咏比赛会和关于四月革命宣传问题等"事项（同上，第59页）。

八、杜重远"四渡天山"

就在盛世才访问苏联的时候，斯大林发动的"肃反"运动已经进入高潮。当时，所谓第三次"莫斯科审判"刚刚结束。这次审讯的对象是以布哈林、李可夫为首的23人，罪名是"右派和托派反苏联盟"。审讯结束后，布哈林和李可夫等20人被秘密判处死刑。随后，被称为"杀人魔王"的叶若夫，也因为其助手贝利亚的告发被处死。与此同时，就连斯大林、加里宁、莫洛托夫等人的家属和亲戚，也纷纷被逮捕或处决。

从苏联"取经"回来以后，盛世才以斯大林为榜样，开始了大清洗运动。时任新疆学院院长的杜重远就成了第一个清洗对象。

杜重远原名杜乾学，1897年4月27日出生于吉林省怀德县，1917年东渡日本攻读陶瓷制造专业。1923年毕业回国后投身于实业救国的同时，曾发动抗日示威抵制日货运动。"九·一八"事变后，他化装逃往关内，在上海与周恩来取得联系，并买下位于淮海中路的一幢花园洋房。从此，这里就成为中共特工密使、上海救亡人士以及政府高官要员来往活动的场所。1933年，邹韬奋、胡愈之主持的《生活》周刊被查封后，杜重远于第二年创办《新生》周刊，其寓意和目的显而易见。

1935年5月，《新生》刊登《闲话皇帝》一文。该文因涉及日本天皇而受到日方非难后被上海当局查封，杜重远也因此锒铛入狱。1936年春，杜重远"因病"获准在上海虹桥疗养院就医，张学良曾化装赴上海探望。借此机会，他向张学良提出与中共以及杨虎城、盛世才实现西北大联合的建议。不久　杜重远提前出狱，赴西安与张学良共商大计，并参与策划了震惊中外的"西安事变"。

抗日战争全面爆发后，杜重远在太原与周恩来再次会晤并达成共识。他们认为，抗战的胜利取决于中苏联合，而新疆既是中苏联合的交通要道，又是抗日战争的重要根据地。因杜重远与盛世才有同乡、同学之谊，周恩来建议他去新疆工作。

1937年10月13日，杜重远"一渡天山"来到迪化，受到盛世才的热烈欢迎和热情款待。盛希望他能够留下，但杜没有答应。杜重远返回内地后，在邹韬奋主持的《抗战三日刊》连续发表《到新疆去》的通讯。后来，他把这些通讯汇集为《盛世才与新新疆》一书，由生活出版社正式出版。该书面世后，在社会上反响很大，许多年轻人因此对新疆产生了浓厚兴趣，纷纷要求到新疆去。

1938年6月杜重远"二渡天山"赴新疆考察，但他因为当选为国民参政会参政员，要参加即将召开的大会，于7月初匆匆离开迪化。不久上海沦陷，杜重远把家迁到香港，与上海《立报》总编辑萨空了一同来到武汉，在胡愈之的住处见到周恩来和叶剑英。周恩来再次鼓励他们前往新疆，于是杜重远于10月初乘飞机"三渡天山"抵达迪化。下了飞机以后，他们看到街道两旁张灯结彩，到处张贴着"列宁主义万岁"、"六大政策万岁"的标语。为此，杜重远根据《新疆日报》和《反帝战线》刊登的文章和自己的感受，写了《三渡天山》的通讯，对新疆和风土人情、所见所闻作了详细报道。

随后，盛世才委任杜重远担任新疆学院院长，萨空了担任《新疆日报》社副社长。为了安心工作，二人返回关内迎接家眷。1939年1月，杜重远辞去国民参政员、国民政府监察委员的职务，谢绝了美国友人劝他去美国办实业的邀请，带领全家"四渡天山"来到迪化。

第二年2月，茅盾和张仲实（马列著作翻译家）应杜重远邀请来到新疆，分别担任新疆学院教育系和政治教育系主任。随后，茅盾又担任新疆文化协会委员长兼艺术部部长，于是他又把王为一、徐韬、赵丹、叶露茜等人请到新疆，成立了新疆实验话剧团，并排演了著名的话剧《战斗》。赵丹来新疆之前，曾向茅盾打听情况，但因为盛世才严格检查出入新疆的书信，所以茅盾不敢以实情相告。赵丹到达新疆以后，才知道这里的情况和他想象的大不一样，这让他追悔莫及。

1939年9月，周恩来路过新疆去莫斯科治病时，盛世才设宴招待，茅盾也应邀出席宴会。当时茅盾想送孩子去苏联留学，便悄悄托邓颖超给瞿秋白的第二任妻子杨之华捎信。后来杨之华回话说：只有中共领导人的子女，苏联才接纳上学，你的两个孩子不符合这个条件。

九、新疆开始大清洗运动

1939年下半年，杜重远发现盛世才对他不怀好意，便以生病为由提出辞呈，盛世才立刻同意并把他软禁起来。1940年2月，萨空了因调解盛世才和杜重远的矛盾无效，怕自身难保，便借口离开新疆。为了营救杜重远，他在临行前给周恩来写了一封信，并把这封信留给毛泽民，请他等周恩来回国时转交。据说周恩来回国路过新疆时，曾与盛世才交涉，要杜重远与他同机返回关内，盛推托说："等下次飞机送他返回关内。"同年5月，茅盾和张仲实看到形势不妙，也以母亲病重为由，请假返回内地。在此期间，盛世才又炮制"阿山案"、"回案"、"崔荣昌案"、"六星社案"等一系列案件。

1940年6月22日，中共驻新疆办事处主任陈潭秋向延安汇报工作时写道："新疆政治危机空前严重，督办在民族问题上，将蒙、哈、柯族代表全部扣留，并将其中一部分逮捕。不久前，又逮捕哈族领袖沙里福汗。今年二月间,阿山哈族因拒绝而发生暴动,盛世才派军队和飞机去镇压,屠杀了数百人,逮捕了维族三领袖。弄得社会不安,人人自危。"此外,盛世才还多次发布公告,"号召公务员及民众互相监督和检举敌控奸细,托匪……,并允许直接向他告密。"(《新民主主义革命时期中国共产党在新疆斗争纪事》第52页)

1940年9月,盛世才曾派毛泽民审理杜重远案。杜在法庭上慷慨陈词:"我决非托派,硬说我是托派,此系最大痛苦者也,比受酷刑还苦。"第二年5月,盛世才以"汉奸""托派"和"阴谋暴动"等罪名将杜重远正式逮捕,受其牵连,赵丹、王为一、徐韬以及包括财政厅长、边务处长等新疆一大批高级官员纷纷被捕,总数在1200人左右。

1941年冬,盛世才密电苏联当局,说《新疆日报》社社长王宝乾是"陈培生阴谋案"的幕后策划者,其目的是推翻新疆的现政府。为此,他要求立即逮捕王宝乾,或将其调回苏联处置。1942年3月,盛世才的四弟、曾任新疆督办公署卫队团团长和机械化旅旅长的盛世骐在家里中弹身亡,盛世才认为是盛世骐的妻子陈秀英和苏联军事顾问合谋杀害了他的四弟,并因此发动政变。于是他将陈秀英投入监狱,严刑拷打,逼她承认自己的罪行。事后,盛世才写信向斯大林绘声绘色地汇报了这一案件,其中除了阴谋暴动外就是不正当男女关系。当然,也有人说是盛世才杀害了他的四弟,原因是盛世骐与他和政见略有不同。事情发生以后,陈潭秋向延安和莫斯科汇报说:"盛世骐成为盛世才反苏反共阴谋的牺牲者。"苏联当局得知此事后,认为这是盛世才为了投靠蒋介石所做的准备。为此,斯大林派外交部副部长德卡诺佐夫携带莫洛托夫的信来到迪化,试图阻止盛世才继续行动。两人见面后,德卡诺佐夫对盛世才说:"你是联共党员,要永远信仰马克思主义,不能动摇。"但是盛世才对他说:"这是绝对不可能的事情了。……作为三民主义的忠实拥护者,我要在新疆建立民主统治。"

十、盛世才离开新疆

1942年7月,蒋介石派第八战区司令长官的朱绍良、行政院秘书长兼经济部长翁文灏、空军总指挥毛邦初等人飞抵迪化。经过谈判,盛世才答应中央政府的下列要求:1、严防苏联在新疆各地发动骚乱事件;2、由内地抽调军队来新疆加强防务;3、在新疆成立国民党党部;4、中共人员一律停止在各机关工作,并集中起来听候发落;5、中央政府派人接收新疆航空委员会;6、由外交部派人接管新疆外交办事处。

一个月以后,宋美龄亲自飞抵新疆,代表蒋介石任命盛世才为新疆边防督办,同时兼任新疆省政府主席、国民党中央监察委员、国民党新疆省党部主任委员、第八战区副司令长官等职务。1942年10月,盛世才向苏联当局递交一份备忘录,要求苏联政府在三个月内必须撤走包括军事人员在内的所有非外交人员。随后,盛世才将中共在新疆的人员集中起来,由陈潭秋领导进行整风学习。不久,任弼时指示陈潭秋说,莫斯科同意把他们转送苏联,但是陈潭秋认为:"我们过境大成问题,我们将处于东归不得,西去不能的危险境地。"

1943年年初,盛世才将软禁的陈潭秋、毛泽民、孟一鸣、潘同、刘希平、徐梦秋、林路基、马殊等人分别投入监狱。随后,重庆派内政部次长王德溥率人专程来到迪化，以"特派新疆审判团"的名义对他们进行审判。6月5日，陈潭秋、毛泽民、林路基以"危害民国罪"被判处死刑。9月27日，这三个人和陈秀英等人被秘密处决，并呈报重庆验证。在此期间，王还对杜重远案进行复审。随后盛世才用毒药剥夺了杜的生命，并把他秘密埋葬在督办公署的东花园附近。

1944年8月，国民政府明令撤销新疆边防督办公署，任命吴忠信为新疆省政府主席，调盛世才返回重庆，担任农林部部长。至此，盛世才结束了他对新疆的十余年的统治。

韩钧死亡之谜

韩钧何许人也？如今能够回答出来的人恐怕很少了。但是在中共历史上，他却是一个功不可没的人物。

所谓功不可没，从以下三件事中可以看出：一是他和薄一波的交往，二是毛泽东对他的评价，三是他与叶剑英的关系。

先说他和薄一波的交往。

韩钧1912年出生于河南省新安县。大约在13岁的时候，他考入省立洛阳第四师范学校。入学后，因为与同学们组织社会科学研究会，被学校视为危险分子。1929年春，校方以"参加学潮"为由，开除了他的学籍。1931年他到北平入中国大学读书，第二年加入共青团之后，又因为领导游行示威而被关进草岚子监狱。1933年，韩钧在监狱里秘密加入中共，并和薄一波等人领导了狱中斗争。1936年9月，他和薄一波出狱后以来到太原，参加了牺盟会抗日救亡活动。后来，他与薄一波的关系一直很好。直到1989年，也就是韩钧逝世40周年的时候，薄一波在《韩钧传略》一书的序言中对他有如下评价："坚定坦诚、机敏果敢、热情干练，在军事和政治工作方面都很有才能，为党和革命事业作出了贡献。"与此同时，薄一波还表示："正当开国之初，韩钧同志可施展才华更好地为党为国报效之际，却与我们长辞了。40年来，每念及此，深为惋惜……"

说罢他与薄的交往，再说毛对他的评价。

抗日战争爆发后，山西成立青年抗敌决死队，韩钧担任了决死二纵队政治部主任。决死队一共四个纵队（相当于旅的建制），另外还有工人武装自卫队、政治保卫队、暂编第一师和保安旅，统称为山西"新军"，总兵力不仅远远超过八路军，而且也超过阎锡山的晋绥军。1939年12月初，阎锡山命令决死二纵队进攻日寇，但是韩钧却认为这样一来，将使自己处于日寇与顽固军（指晋绥军）的夹击之下，因此拒绝执行这一命令。为此，韩钧在致阎锡山的公开信中说："将在外，君命有所不受。"另外，韩钧还发表通电，痛斥晋绥军著名将领王靖国、陈长捷"勾结日寇，进攻决死纵队"的罪行。随后，韩钧率部加入八路军序列，全部新军也竞相效仿，从而摧毁了阎锡山经营多年的抗日局面。这一事件被称为"晋西事变"，而毛泽东则说这是国民党在抗日战争中发动的"第一次反共高潮"。毛泽东的话，也是对韩钧的充分肯定。晋西事变后，山西新军全部加入八路军序列，从而极大地扩充了八路军的实力。

最后说说韩钧和叶剑英的关系。

抗战胜利前夕，毛泽东在延安见韩钧，命令他带一批干部返回家乡开展工作。接受任务后，韩钧担任了中共豫西二地委委员兼军分区司令员。抗战胜利后,他还担任过人民解放军第四纵队副司令员,为两次攻打洛阳立下汗马功劳。1948年年底,他又奉命跟随叶剑英来到平津战役前线,并作为解放军代表参加了和平解放北平的谈判。北平和平解放后,韩钧担任中共北平市委委员、市委秘书长兼军管会秘书长,协助叶剑英工作。就在这个时候,即1949年3月下旬,他却"因疲劳过度突然去世。时年37岁"。

但是,著名作家张一弓在他的长篇小说《远去的驿站》中说:韩钧是死于自杀,而不是死于疲劳过度!《远去的驿站》有一章是"豫西事变","豫西事变"的主角正是韩钧!

在豫西事变中,还有一位开明绅士贺爷,他在抗日战争后期送给韩钧一把白金小手枪。但是就在贺爷应邀去太岳根据地参观时,曾经被韩钧收编的自卫军发动叛乱,将韩钧从延安带来的一百多位干部全部杀害。

豫西事变后,韩钧虽然率部撤回太岳根据地,但这事却成为长期折磨他的巨大伤痛。张一弓在小说中写道:1949年初,就"在党中央从西柏坡迁至北平的那天,他(韩钧)得到通知,毛主席、朱总司令要找他谈话。他想起三年以前,当他离开延安去开辟豫西根据地时,毛主席、朱总司令也曾召见过他,对他寄予厚望,让他带走了一百多名久经沙场的干部。他是立下了'军令状'的。而现在,由他带走的大部分同志都在'豫西事变'中悲壮而窝囊地成了烈士。他感到无颜再见毛主席和朱总司令。夜晚,他把自己关在屋子里,捧着一个大茶缸借酒浇愁。深夜,屋子里一声闷响,他已经倒在血泊中,手中握着贺爷送给他的白金小手枪。"

两种说法，不仅产生两种截然不同的效果，也使韩钧之死成了一个难解之谜。无论如何韩钧是一个有理想有能力的年轻人，但是一个"晋西事变"，一个"豫西事变"，却断送了他年轻的生命。

辑四

寻路之梦

胡适的一生以及
他对五四运动的评价

一、 从"高价生"到留学生

胡适,安徽绩溪上庄村人,1891年出生于上海大东门外的一个官宦人家。当时他的父亲胡传已经50岁,正在担任上海淞沪厘卡总巡,而他的母亲冯顺弟还很年轻,才22岁。

胡传一生有过三次婚姻。前两次都因女方去世而中断(第二任妻子留下两个儿子),因此他和冯顺弟虽然年龄悬殊,却异常恩爱。为了缩小二人之间的差距,胡传亲自写了许多识字卡片,一有空闲就教妻子识字,这也许对胎教大有好处。胡适出生的第二年,胡传被调往台湾,在台东担任知州,胡适和母亲也陪同前往。当时台东还是蛮荒之地,当地少数民族连衣服都不穿。胡传上任后采取一系列措施,推动了当地的文明进程。胡适三岁时,父亲在公务之余开始教他识字。于是,胡传是老师,顺弟是学生也是助教。多年以后,胡适回忆与母亲同窗共读的情景时说:"我认的是生字,她便借此温她的熟字。……我们离开台湾时,她认得了近千字,我也认了七百多"。1895年,清政府因为甲午战争的失败,在"中日马关条约"中将台湾割让给日本,因此胡适一家只好离开台湾。不幸的是,胡传在返回途中因脚气病发作,在厦门去世,当时胡适还不到五岁。

回到家乡后,胡适被送进本家叔叔办的私塾读书。当时他并没有从《三字经》、《千字文》学起,而是直接读父亲为他编写的三本书。第一本是《学为人诗》,其中讲的都是做人的道理。第二本书是《原学》,其中简略地介绍了生活的哲理。第三本书是《律诗六钞》,大概是一本诗集。很多年以后,胡适在回忆父亲时说:"他留给我的,大概有两个方面:一方面是遗传,因为我是'我父亲的儿子'。一方面是他留下了一点程、朱理学的遗风。"

入学之后,母亲为了让老师给他讲解书中的道理,每年都要交双倍学费。这样一来,读书就不是枯燥无味的死记硬背了。相比之下,其他同学因为不懂得书中道理,便觉得读书是一件索然无味的苦事。1904年,为了让胡适接受更好的教育,母亲将他送到上海求学。临走时还为他订了婚,女方比他大一岁,名叫江冬秀,是个典型的传统女性。这时,胡适还不满13岁。

初到上海,胡适曾在梅溪学堂和澄衷学堂就读。1906年夏天,他报考了刚刚成立的中国公学。当时的作文题是《言志》。该校总教习马君武先生看了胡适的考卷之后,高兴地说:"公学得了一个好学生。"入学后,胡适创办了校园刊物《竞业旬报》,这对他是个很好的锻炼。1908

年中国公学爆发学潮，许多学生被开除。大家因不堪忍受压迫而集体退学，另外组织"中国新公学"。当时胡适虽然不在开除之列，但也退了学，并兼任新公学的英文教员。在他的学生中，有后来成名的杨杏佛、张奚若、饶毓泰等人，因此这成了他一生的骄傲。遗憾的是，这个学校仅仅维持了一年多就被迫与中国公学合并。胡适因不愿意回去，便当了一名小学教员。一天晚上，他因为心情郁闷多喝了几杯，便在回家路上与巡捕撕打起来，结果被带进捕房（警察局）关了一夜。第二天酒醒后，他觉得这件事既对不起自己的母亲，又玷污了教师的声誉。于是他辞去教职，决心闭门读书思过。这时，正好第二批庚款留学生开始招生，他在二哥的鼓励下报了名。经过认真准备，他被正式录取，于1910年远赴美国，开始了七年的留学生涯。

初到美国，胡适因为受实业救国论的影响，进入康奈尔大学农学院。后来因兴趣不合，又转入该校文学院。与此同时，他不仅博览群书，读了大量古今中外名著，还积极参加学校的各种活动。胡适说，在这些活动中，讲演活动对他是"绝好的训练"。1915年，他考入哥伦比亚大学，师从著名实验主义哲学家杜威，攻读博士学位。美国的教育特别注重理论联系实际。七年间胡适遇到两次大选，他的政治老师布置的作业就是时刻关注大选并分析其变化。因此，胡适对美国政治制度有深刻的认识，这对他的一生影响极大。

1916年，蔡元培担任北京大学校长后，聘请陈独秀为文科学长（相当于文学院院长）。不久，胡适向陈独秀主办的《新青年》投稿，提出"文学革命"等问题，遂引发了著名的白话文运动，即新文化运动。1917年，胡适学成回国，担任北京大学教授。在蔡元培、陈独秀、胡适等人的影响下，一场大规模的学生运动正在酝酿之中。

二、 "天下最不经济的事"

1919年五四学生运动爆发的时候，胡适正陪同杜威先生在上海访问，同行的还有杜威的学生、北京大学教务长蒋梦麟先生。当时他们对北京发生的事情一无所知，两天后才通过报纸了解到事情的经过。

1920年五四运动一周年的时候，胡适和蒋梦麟联名发表文章《我们对于学生的希望》。这篇文章由胡适起草，从中可以看出他对五四运动的初步反思。

文章说，五四运动之前，他们只是想通过杜威的访问，在思想上提倡科学精神，在教育上输入新鲜理论，"不料事势的变化大出我们的意料"，爆发了震惊中外的五四运动。对于这个运动，胡适认为至少有五大成效：一是加强了学生主动负责的精神，二是激发了学生对国家命运的关注，三是丰富了学生团体生活的经验，四是培养了学生作文演说的能力，五是提高了学生追求知识的欲望。文章指出："这都是旧日的课堂生活所不能产生的"效应。

与此同时，该文对五四运动也提出批评。文章认为，以罢课为武器进行斗争，对敌人毫无损害，对学生却有三大危害：第一，在学生运动中，有些人自己不敢出面，却躲在人群中呐喊，从而助长了依赖群众的懦夫心理。第二，罢课时间一长，有些人就会养成逃课的习惯。第三，经过这场运动，有些人可能养成盲目从众的行为模式。

尽管如此，作者仍然对学生运动予以充分肯定。文章强调，五四运动"是青年一种活动力的表现，是一种好现象"。正因为如此，文章对办教育的人提出如下忠告："不要梦想压制学生运动，学潮的救济只有一个法子，就是引导学生向着有益的路上去……"。

所谓"有益的路"，包括三方面的内容：一是注重求知、调查、改革和自修的"学问生活"；二是既尊重自己的主张、又能容纳反对党意见的"团体生活"；三是力所能及的"社会服务生活"。正因为如此，文章对学生也提出如下忠告："单靠用罢课作武器是下下策。……学生运动如果要想保存五四和六三的荣誉，只有一个法子，就是改变活动的方向，把五四和六三的精神用到学校内外有益有用的学生活动上去。"

作为学生的师长，胡适和蒋梦麟还告诉大家：学生运动不是常态社会的行为模式，而是变态社会的必然产物。所谓常态社会，是一个比较清明、由成年人管理政治的社会。如果成年人不能尽责尽力，不能治理政府的腐败，那就是一个变态的社会了。在这种情况下，"干涉纠正的责任，遂落在一般未成年的男女学生的肩膀上"。于是，本来应该安心读书的学生只好放下书本，走出校园，冒着生命危险去游行请愿，从而酿成大规模学生运动。因此他们在文章中说："荒唐的中年老年人闹下了乱子，却要未成年的学生抛弃学业，荒废光阴，来干涉纠正，这是天下最不经济的事。"（《胡适全集》第21卷第219-227页，安徽教育出版社2003年版）

三、 学生运动是变态社会的产物

五四运动以后，傅斯年、罗家伦、段锡朋等学生领袖先后出国留学。这些人学成回国后，又投入如火如荼的国民革命运动。1928年5月4日，正当国民革命军节节胜利，北洋政府即将垮台的时候，胡适应邀去上海光华大学发表演说。当时胡适已经离开北大，担任了中国公学的校长。中国公学位于上海吴淞口，是胡适的母校，因此他对这所学校感情很深。胡适最担心的事情就把五四运动当成一个空洞的口号，再加上台下的大学生在五四运动时年龄尚小，因此他首先向大家介绍了五四运动的背景和经过，然后再分析它的影响和意义。胡适认为，五四运动除直接导致中国代表拒绝在巴黎和会上签字、并最终解决了"山东问题"外，其间接影响主要表现在六个方面：

第一，过去的学生只顾读书，不管闲事。五四运动使他们对社会政治产生了莫大的兴趣。

第二，为了参加运动，学生都组织了自己的社团，并创办了各自的出版物。这对新文学运动起了很好的推动作用。

第三，为了让普通老百姓关心政治，读书看报，许多学校都创办了平民学堂，使平民教育得到很大进步。

第四，中国劳工纷纷成立了自己的工会，并与学生运动遥相呼应。

第五，妇女地位得到很大提高，从而形成了妇女解放的洪流。

第六，各个政党都非常注意吸收青年为自己的骨干。为了给他们开辟言论阵地，报纸副刊也由过去的"捧捧戏子，抬抬妓女"，改变为谈论"马克思、萧伯纳、克鲁泡特金等名词"了。

在此基础上，胡适再次强调学生运动是变态社会产物。不同的是，这一次他把这个观点总结成一个历史公式，并且用这样一句话来表述：

> 凡在变态的社会与国家内，政治太腐败了，而无代表民意机关存在着；那末，干涉政治的责任，必定落在青年学生身上了。

为了证明这个历史公式，胡适以东汉末年的党锢之祸、北宋末年的陈东上书、清朝末年的戊戌政变、1848年的欧洲革命为例，得出如下结论："政治腐化，至于极点，创议改革者，即为少年学生；亦唯此种热烈青年运动，革命事业，都有成功之一日"。相反，如果政治清明，而且有各种民意机构存在，那么政治就自然是成年人的事了。在这种情况下，青年学生就可以安心读书；他们的兴趣，就可以是体育比赛、跳舞看戏、谈情说爱了。胡适认为，无论从正面还是反面，都可以证明上述公式正确无误。

值得一提的是，在演讲结束的时候，胡适还充满感情地说：自从五四运动以来，中国的青年，对于社会和政治，总是不曾放弃自己的责任，总是不断与恶势力作斗争。为此，"他们非独牺牲学业，牺牲精神，牺牲少年的幸福，连到他们的自己的生命，一并牺牲在内了"。他还说："例如前几天报上揭载武汉地方，有二百余共党员，同时受戮，查其年龄，几皆在二十五岁以下，且大多数为青年女子。照人道来讲，他们应该处处受社会的保障，他们的意志，尚未成熟，他们的行动，自己不负责任，故在外国，偶遇少年犯罪，法官另外优待，减刑一等，以示宽惠。中国的青年，如此牺牲，实在太大了！"（同上，第363-373页）

四、为个人主义正名

1935年是五四运动16周年,胡适在《独立评论》上发表《纪念五四》一文。在这篇文章中,胡适仍然像往常一样首先回顾了五四运动的经过,并披露了五四运动的爆发与蔡元培有直接关系。

文章说,1917年蔡元培担任北京大学校长的第一天,就提出"研究学术"的宗旨。后来陈独秀主办《新青年》,最初也是以反对旧礼教、提倡白话文为主,并且有意不谈政治,从而把思想革命限制在学术文化领域。但是,到1918年第一次世界大战结束的消息传来之后,北京各学校放假三天,庆祝协约国的伟大胜利。整个北京就像陈独秀所说:"旌旗满街,电彩照耀,鼓乐喧阗,好不热闹!"

由于蔡元培当时是主张中国参战的,因此当胜利来到的时候,他的"兴致最高"。于是他约请教授们在天安门组织了演讲大会,"第一次借机会把北京大学的使命扩大到研究学术的范围以外。"也就是"从这一天起,北京大学就走上了干涉政治的路"。这样一来,就把五四新文化运动与五四学生运动的关系,大体上梳理清楚了。

需要指出的是,当时正是日寇向华北步步紧逼,国家民族面临生死存亡的关键时刻。如何应对这一严峻形势,是每一个中国人必须面对的大问题。由于胡适在文章中没有涉及这个问题,所以当他看到张奚若在《大公报》发表纪念五四的文章后,"很受感动"。

张奚若早年与胡适是中国公学的同学,当时是清华大学政治学教授。张文的标题是《国民人格之培养》。当时是不能直接谈论抗日问题的，因此张先生只能从培养国民人格的角度入手，剖析问题的要害之所在。

文章首先指出，在辛亥革命的时候，由于当时的领导人只知道民主政治的形式，并不了解其精髓，所以他们只是抄袭模仿了一些民主政治的皮毛而已。到了五四运动以后，大家才渐渐认识到欧美民主政治的根本，这个根本就是个人的解放。

紧接着，张奚若从专业的角度指出，个人主义政治哲学的精髓有三点：第一，承认政治是非的最终判断者是个人，而不是国家或政府；第二，承认个人有批评政府的权力；第三，承认个人有思想自由和言论自由。张先生强调：当一个人拥有这些权力之后，"他才能觉得他与国家的密切关系，他才能感觉他做人的尊严和价值，他才能真爱护他的国家。"

在此基础上，张先生又进一步指出，尽管个人主义无论在理论上还是事实上都有许多缺陷和流弊，但由于"救国是一种伟大的事业，伟大的事业惟有伟大人格者才能胜任"，而个人主义恰恰可以养成忠诚勇敢的人格，所以只要不是有意与人民为敌的政体，就应该尊重个人主义。遗憾的是，我们的政府却不懂这个道理，总是想统一思想，铲除反动，从而白白"丧失了许多有志气有能力的好国民真人格"，这实在是很痛心的事。（《张奚若文集》第354-358页，清华大学出版社1989年版）

在张奚若影响下，胡适又写了一篇文章，标题是"个人自由与社会进步——再谈五四运动"。他说："张先生所谓'个人主义'，其实就是'自由主义'"。五四新文化运动"无论形式上如何五花八门，意义上只是思想的解放与个人的解放。"他指出：个人主义有两种，一是只顾自己，不管别人的"为我主义"，即假个人主义；二是有独立思想、只认真理不计利害的"个性主义",即真正的个人主义。胡适还说:"……一些人嘲笑这种个人主义,笑它是十九世纪维多利亚时代的过时思想。这种人根本就不懂得维多利亚时代是多么光华灿烂的一个伟大时代。马克斯(马克思)、恩格尔(恩格斯),都生死在这个时代里,都是这个时代的自由思想独立精神的产儿。他们都是终身为自由奋斗的人。我们去维多利亚时代还老远哩。我们如何配嘲笑维多利亚时代呢!"(《胡适全集》第22卷第285页)

胡适文章发表后,张奚若又写了《再论国民人格》。文章说,在中国传统社会中,一个人只是家族的一分子,而不是一个独立的人。这种情况到五四运动以后才大大改变。但不幸的是,五四运动以后,刚刚"萌芽的个人解放与人格培养",在政府的严厉制裁下又日见消沉。于是,人们还没有脱离家庭束缚,又被压在国家的大帽子底下。再加上国家比家庭的权威要大得多,因此,"国家(其实就是政府)高于一切,绝对服从,无条件的拥护,思想要统一,行为要纪律化,批评是反动,不赞成是叛逆,全国的人最好都变成接受命令的机械,社会才能进步"云云,便成了整个社会的金科玉律,任何人不得违背。

张奚若毕竟是著名政治学家。他指出:由于政府是由人而不是由神组成的,因此它不会不犯错误。再加上权力的诱惑,就更容易日趋腐败。防治的办法,除了"不见得一定有效"的分权之外,"最重要的一种",就是通过舆论监督,使政府能够"接受批评容纳意见"。要做到这一点,首先需要培养明辨是非、敢于负责的独立的人格。(《张奚若文集》第259-263页)这就是他为什么要提倡用个人主义来培养国民人格的缘故。

五、论五四运动的历史意义

1947年五四运动28周年之际，胡适为《大公报》写了纪念五四的"星期论文"。我注意到，胡适每当论及五四运动，都要提到孙中山的一段议论，这篇文章也不例外。这段议论是孙中山在1920年1月给海外同志的信中提到的。当时距五四运动虽然只有八个月，但是在涉及五四运动的历史意义时，却言简意赅，一语中的。这段文字不长，也容易理解，故照录于下：

> 自北京大学学生发生五四运动以来，一般爱国青年无不以新思想为将来革新事业之预备，于是蓬蓬勃勃，发抒言论，国内各界舆论一致同倡。各界新出版物为热心青年所举办者，纷纷应时而出，扬葩吐艳，各极其致。社会遂蒙绝大之影响。虽以顽劣之伪政府，犹且不敢撄（按：接触、触怒的意思）其锋。此种新文化运动在我国今日诚思想界空前之大变动。推原其始，不过由于出版界一二觉悟者从事提倡，遂至舆论界放大异彩，学潮弥漫全国，人皆激发天良，誓死为爱国之运动。倘能继长增高，其将来收效之伟大且久远者，可无疑也。吾党欲收革命之成功，必有赖于思想之变化。兵法攻心，语曰革心，皆此之故。故此种新文化运动实为最有价值之事。

这里所谓"人皆激发天良，誓死为爱国之运动"，与思想解放、个性解放有密切关系。因此胡适指出："孙中山先生的评判是很正确很公允的。五四运动在两个月之中，轰动了全国的青年，解放了全国青年的思想,把白话文变成了全国青年达意表情的新工具,使多数青年感觉用文字来自由发表思想感情不是一件困难的事,不是极少数古文家专利的事,经过了这次轰动全国青年的大解放,方才有中山先生所赞叹的'思想界空前之大变动'。这是五四运动的永久的历史意义。"(《胡适全集》第22卷第672页)需要指出的是,许多人以为白话文淡如白水,不如文言文高雅古奥,耐人玩味。殊不知白话文运动的最大作用,就在于思想解放和个性解放,而思想解放和个性解放又是现代化的先决条件。

在此期间,胡适还分别在北大学生"五四"筹备会举行的晚会和北大校友聚餐会上发表讲话。他说:陈独秀在《新青年的罪案》中"提出两点,即拥护科学与拥护民主。因拥护科学而反对孔教、反对旧思想;因拥护民主,而反对专制,反对独裁。这就是《新青年》的两大罪案,也就是新思潮运动的原因。"(同上,第675页)至于新思潮的意义,他认为是一种批评评判的态度与精神,是重新估定一切价值的理念。

我以为,只有联系张奚若所谓个人是"政治是非最终判断者"的理论,才能对胡适的论述有进一步认识和体会。

六、胡适离开大陆以后

1948年12月17日,既是北京大学成立50周年校庆,又是胡适57周岁生日。然而,这时的文化古都北平,已经被解放军围得水泄不通。12月15日,胡适以极其沉重的心情写完《北京大学五十周年》的纪念文章后,乘坐蒋介石派来的"抢救著名学者"的飞机离开北平,但是他的二儿子胡思杜（思念杜威之意）却留了下来。两天后，胡适在南京参加北大校友会举行的纪念活动，他在会上讲话时痛哭失声，认为自己是个逃兵，对不起北大师生。

1949年4月，胡适再度赴美，精神异常苦闷。据说，新中国成立后，毛泽东曾表示胡适可以回来，给他个北京图书馆馆长的职务。但是胡适没有反应。第二年朝鲜战争爆发，胡适写下一篇长文——《史达林策略下的中国》，揭露斯大林在中国问题上的阴谋。这时，胡思杜正在华北革命大学（中国人民大学前身）政治部学习。为了融入新社会，他在递交思想汇报《对我的父亲——胡适的批判》以后，才毕了业，并被分配到唐山铁道学院工作。不久，这份思想汇报在香港《大公报》公开发表。文章斥责胡适是"反动分子"、"人民公敌"，并声明要与胡适脱离父子关系。1951年，《中国青年》转载这篇文章，从而掀起对胡适的第一轮批判。

1954年，中国大陆以批判俞平伯的红楼梦研究为契机，开展对"胡适反动思想"的全面批判。为此，胡适对一个朋友说："这不过是借我的一个学生做'清算胡适'的工具罢了。"他还说："所谓胡适的幽灵""是扫不清，除不尽的"。1957年反右运动前夕，胡思杜响应中央号召，给院领导提了些教学改革的意见，结果被打成右派。他无法承受如此打击，终于上吊自杀。这时他还是孤身一人，年仅36岁。

胡适有两儿一女，女儿素斐很小就夭折了。大儿子祖望，早年就读于西南联大，后入美国康乃尔大学主修机械工程。毕业之初曾在美国斯都德贝克汽车厂工作，后来又担任中国航空公司工程师、台湾驻美国机构"经济参事"等职务。他1980年退休，2005年去世，享年86岁。胡祖望的妻子叫曾淑昭,二人的独生子叫胡复,也是毕业于美国康乃尔大学。胡适祖孙三代都毕业于这一学校,也是中美文化教育史上的一段佳话。

1958年,胡适从美国回到台湾,就任中央研究院院长。后来,胡适因心脏病多次住院,他对医生说:"我做的事太多了,我在上半世里把下半世的事情都做好了,就是把下半世的精力都透支了。"

1962年,中央研究院在台湾举行院士会议,胡适因为自己的学生、著名美籍物理学家吴健雄等人的到来十分高兴。吴女士的丈夫袁家骝是袁世凯的孙子,也是一位著名的物理学家。当时他们都被中央研究院聘为院士,在场的还有另一位著名物理学家吴大猷先生。因此胡适在欢迎新院士的酒会上说:"我是一个对物理学一窍不通的人,但我却有两个学生是物理学家:一个是北京大学物理系主任饶毓泰,一个是曾与李政道、杨振宁合作验证'对等律之不可靠性'的吴健雄女士。而吴大猷却是饶毓泰的学生,杨振宁、李政道又是吴大猷的学生。"

随后,他请李济和吴大猷讲话。二人讲完以后,胡适又接着说:我去年在"亚东区科学教育会议"讲了二十五分钟的话,引起某些人的不满,对我进行文字"围剿"。我对这件事的看法是:"不要去管它,那是小事体,小事体。我挨了40年的骂,从来不生气,并且欢迎之至,因为这是代表了自由中国言论自由和思想自由。"说到这里,他似乎有些激动。因为有几位海外归来的学者在场,所以他接着说:我们这里"的确有言论和思想自由。各位可以参观立法院、监察院、省议会。立法院新建了一座会场,在那儿,委员们发表意见,批评政府,充分的表现了自由中国的言论自由。监察院在那个破房子里,一群老先生老小姐聚在一起讨论批评,非常自由。还有省议会,还有台湾二百多种杂志,大家也可以看看。从这些杂志上表示了我们言论的自由。"(《胡适之先生晚年谈话录》第281页)正当胡适大声疾呼言论自由的时候,他突然把话煞住,急忙说:"好了,好了,今天我们就说到这里,大家再喝点酒,再吃点点心吧,谢谢大家。"

酒会在6点半钟结束,与会人士在欢笑中陆续离去。胡适慢慢走到袁家骝跟前,和他闲聊起来。正在这时,"胡博士突然面色大变,他的头曾在放着茶点的方桌上撞了一下,然后平躺在地上,这一突变,震惊了尚未离场的人,连已经跨上汽车的人也都匆匆地赶进来。"(《纪念胡适之先生专集》第7页,台北丰稔出版社1962年出版)

七、巨星殒落,天地同悲

附近的医生闻讯后很快赶到,给胡适注射了三支强心针,并进行人工呼吸。经过一段沉闷的等待,所有的人都希望能够出现奇迹。7点25分,一辆出租车送来台大医院的主治医生,他在胡适的胸部听了一下,随即宣布胡适在十几分钟以前已经逝世。这一判断,让"所有的人潸然泪下,中央研究院的职员们都痛哭流涕……"(《纪念胡适之先生专集》第7页)

胡适去世以后,他的遗体于2月25日一早移入台北极乐殡仪馆的灵堂,王云五、张群、王世杰、罗家伦、莫德惠等政界要人或生前好友前往殡仪馆吊唁。26日,胡适长子胡祖望从美国赶回台北,蒋经国代表蒋介石到殡仪馆瞻仰胡适遗容之后,还到福州街慰问胡夫人江冬秀女士,劝她节哀保重。

随后,"数以千计的大学、中学的在校男女学生,冒着大雨跑到台北市极乐殡仪馆瞻仰一代学人胡先生的遗容并鞠躬致敬,他们大部分旭成群结队前往,并在灵堂外签名薄上写下'台大学生'、'师大学生'或'北二女初二学生'……等然后离去。"(《纪念胡适之先生专集》第8-9页)

下面是关于胡适后事的一些报道,从这些报道中可以看出,台北那些天一直在下雨。真可谓巨星殒落,天地同悲:

> 廿七日是故胡先生移灵极乐殡仪馆,设灵供人吊唁的第三天。台北市一直落雨的天气显然没有阻碍了国人对胡先生的崇敬。
>
> 廿八日,胡先生前友好和从未晤见过的民众,仍自朝到晚络绎不绝地到灵堂,吊唁这位一代哲人。
>
> 三月一日广大民众的人潮冒雨涌进台北市南京东路的极乐殡仪馆,瞻仰一代学人胡先生的遗容。
>
> 这个广大的人群,包括各阶层的人士,以及少数的外国友人。估计人数超过三万人。
>
> 一日虽然整天阴雨,并没有影响这些人对胡适之先生的敬爱与瞻仰他遗容的热诚。尤其是傍晚时,瞻仰遗容的人们拥塞在灵堂前的竹棚里,一分钟进入灵堂的达七十人以上。(《纪念胡适之先生专集》第8页)

按照治丧委员会的安排,胡适的遗体于3月1日移入殡仪馆的极乐大厅,供世人瞻仰。大家看到,大厅中央悬挂着胡适69岁生日的巨幅照片。遗像上方是蒋介石亲笔书写的"智德兼隆"挽额，两旁挂着陈诚的挽联。上联是"开风气而为之师，由博涉融合新知，由实验探求真理"；下联是"瘁心力以致于学，其节慨永传寰宇，其行谊足式人群"。胡适躺在布满鲜花的灵台上，和蔼、慈祥……，与外面的天气形成显明对照。

直到3月2日举行公祭的时候，天气才由阴转晴。公祭从上午8点开始，美国、日本、越南、韩国、菲律宾、泰国、土耳其、约旦、秘鲁、哥斯达黎加等国都派代表参加。公祭时，许多人悲痛欲绝，泣不成声。公祭结束后，胡适的灵柩上覆盖着北京大学的校旗，向南港缓缓驶去，并下葬在中央研究院对面的小山坡上。

八、胡适精神，与世长存

2009年我去台北参加"胡适与近代中国的追寻——纪念五四运动九十周年学术研讨会"时，在中央研究院对面的小山上曾拜谒胡适的墓地。我看到在墓碑上镌刻着这样的文字：

> 这个为学术和文化的进步，为思想言论的自由，为民族的尊荣，为人类的幸福而苦心焦虑、敝精劳神以致身死的人，现在在这里安息了！我们相信形骸终要化灭，陵谷也会变易，但现在墓中这位哲人所给予世界的光明，将永远存在。

我相信，这个墓志铭不仅概括了胡适精神的真谛，也表达了两岸民众的共同心声。

李大钊之死的幕后故事

在五四新文化运动中,蓄着浓密胡子的李大钊看起来年龄较大,但是他当时不过30岁上下。直到张作霖从苏联大使馆把他捉出来并处以极刑的时候,他才38岁。为什么一个年轻的生命在风华正茂的时候会戛然而止呢?这还要从他的经历说起。

李大钊字守常(1889-1927),河北乐亭人。他出生不久就失去双亲,与祖父相依为命。按照当地风俗,他11岁时就与比自己大七八岁的赵纫兰结婚。第二年他外出读书,妻子不仅要替他服侍年迈的祖父,还要为他筹措学费。1905年,他参加科举考试,正好遇上清政府废除科举制度,遂进入永平府(今河北卢龙县)中学深造。在这里,他开始接触全新的知识,并通过阅读康有为和梁启超的文章,初步了解到西方社会。1907年李大钊的祖父去世,他有感于国势衰微,萌发了研究政治的想法。这一年暑假,他到天津报考了北洋法政专门学校。1910年,同学蒋卫平投笔从戎后在东北被俄国军队击毙。他写下"国殇满地都堪哭，泪眼乾坤涕未收。……千载胥灵应有恨，不教胡马渡江来"的诗句，表达了他对俄国的印象。

辛亥革命以后，李大钊来到北京，加入了江亢虎发起的中国社会党。该党主张恋爱自由、教育平等、遗产归公、各尽所能、各取所需、个人自治、世界大同，是一个追求理想社会的政党。但是抗日战争爆发以后，江亢虎却与汪精卫同流合污，成了日伪政权里的一个重要成员。可见理想与背叛只有一步之遥。

1913年，李大钊在一篇短文中说："暴君歇而暴民兴，天祸殷而人祸极"，表达了他对极权政治的痛恨。他认为如今皇帝虽然下台，但老百姓尚不觉悟，因此只能得出"盛世难期"的结论。不久，李大钊又发表《论民权之旁落》、《论官僚主义》、《宪法颁行程序与元首》等文章，主张在宪政基础上整顿吏治，推行民主政治。这一年冬天，李大钊东渡日本，并于第二年春天考取日本早稻田大学政治学专业。这时，日本学者河上肇已经将马克思的《资本论》译成日文，而李大钊就是通过日文间接地了解马克思理论的。

1915年袁世凯与日本签订丧权辱国的"二十一条"，李大钊以留日学生总会名义发表《警告全国父老书》通电，号召国人要以破釜沉舟的决心誓死反抗。1916年，李大钊发起并组织神州学会。不久他送同学回国，写下了"壮别天涯未许愁，尽将离恨付东流。何当痛饮黄龙府，高筑神州风雨楼"的著名诗句。

为了反对袁世凯称帝，李大钊在这一年放弃学业返回上海，参加了由汤化龙、梁启超、孙洪伊组织的宪法研究会，并与法政学校的老同学白坚武取得联系。不久,他应汤化龙之邀离沪北上,出任《晨钟报》总编辑,随后他请白坚武担任该报主笔。《晨钟报》问世后,白坚武写作颇丰,半个月内就写了十几篇文章。但因为政见不同等原因,二人很快就辞职离去。1917年初章士钊创办《甲寅日刊》,邀李大钊担任编辑,结果还是因为类似原因而中止合作。在此期间,李大钊与白坚武气味相投,过从甚密。所以白在日记中说:"守常为人品洁学粹,仰俯今日之污世,大才不克收相当之用,余年来清友惟斯人耳。"

李大钊与章士钊的合作虽然结束,但是章对李的才华还是十分欣赏的。1918年初,经章士钊推荐,蔡元培聘请李大钊担任北京大学图书馆主任。这时俄国十月革命引起世人的强烈关注,李大钊虽然不能身临其境,以便了解事情真相,但他根据自己的理想和信念,写了一批歌颂苏俄的文章。文章认为西方世界已经开始走下坡路了,只有俄国革命才代表了人类社会新的向上的力量。在此基础上,他提出"试看将来之全球,必是赤旗的世界"。因为不同意李大钊"只谈主义不研究问题"的倾向,胡适与他就"问题与主义"展开了激烈的争论。

尽管如此,李大钊为争取言论自由的文章仍然值得称道。比如他在《危险思想和言论自由》一文中明确指出:"思想自由与言论自由,都是为保障人生达于光明与真实的境界而设的",因此包括政府在内的任何力量都没有资格干涉思想和言论的自由。

五四运动以后,中国进入一个军阀混战的时代。李大钊虽然是北大教授,但是他仍然热衷于从事现实政治。为此,他不仅在苏共的支持下创立了中国共产党,而且还努力做拉拢孙中山、吴佩孚等人的工作。据胡适日记记载,1922年前后,李大钊经常到保定或洛阳去找他的老同学白坚武。当时白坚武是吴佩孚的政务处长，享有"小诸葛"之誉，因此他找白坚武的目的不言而喻。1924年国民党召开第一次全国代表大会时，据说李大钊在会上公开承认自己是苏共党员。1925年五卅运动和1926年三一八运动，李大钊是主要的策划者和组织者。据顾维钧回忆，李大钊甚至在请愿中提出："即使把外蒙置于苏俄统治下，那里的人民也可以生活得更好。"

为此，北洋政府以"假借共产学说，啸聚群众，屡肇事端"为由，对李大钊下达通缉令。在走投无路的情况下，李逃入了位于东交民巷的苏联大使馆。1927年4月，张作霖突然派军警搜查苏联大使馆，不仅逮捕了李大钊，还发现大量军火和颠覆中国的证据。事后，张作霖将这些文件择其要者编辑为《苏联阴谋文证汇编》。前几年我在太原市工人文化宫旧书市场上还看到有人高价出售这套资料，其中详细纪录了苏俄资助中国人的金钱和武器。

1927年4月28日，李大钊以里通外国罪被处以绞刑，这一年他38岁。

耐人寻味的是，在十年以后的1937年，白坚武也因为投靠日本人被冯玉祥枪毙。

刘仁静的一声叹息

去年5月，我去台北参加"五四运动九十周年学术研讨会"时，在台湾大学附近的茉莉书店淘到一本《张国焘夫人回忆录》。张国焘夫人杨子烈，早年在武汉读书时就因为参加五四运动被学校开除。1921年冬加入中国共产党以后开始从事革命活动。1925年五卅运动时，她是上海妇女界的领导人。在此期间，她与刘少奇、何葆珍夫妇，瞿秋白、杨之华夫妇，沈泽民、张秋琴夫妇以及茅盾、孔宪之夫妇来往密切，堪称知己。五卅运动以后，她两次被组织上送到莫斯科中山大学深造，又遇见许多中共领导人。因为有这样的经历，所以杨子烈说：这本书写的都是"我年青时的朋友，如刘少奇、杨之华、邓颖超、周恩来、朱德、毛泽东，以及其他中共中央高级领导者的生活片段和轶事。"由于这些事都是自己"耳闻目见的史实"，因此"一点也没有虚构或者渲染"的成分。值得一提的是，该书自1970年在香港出版后一直没有再版，因此是难得一见的党史资料。

在这本书中，杨子烈还提到中共创始人刘仁静。刘早年参加五四运动，1921年出席中共"一大"时才19岁，是代表中最年轻的一个。1922年，他与陈独秀去莫斯科参加少共国际和共产国际的代表大会时，曾用英语在大会上发言，引起列宁和托洛茨基的注意。1926年，刘仁静在莫斯科国际党校列宁学院学习时，苏联党内爆发了斯大林与托洛茨基的斗争。1927年，苏共中央开除托洛茨基党籍，并于1929年将其驱逐出境。刘仁静得知这一消息后十分震惊，并对托洛茨基深表同情。

1928年杨子烈第二次抵达莫斯科时，到处是"打倒叛徒托洛茨基！""消灭托派尾巴！""斯大林同志万岁！"的标语口号。看到这种情形，杨子烈虽然"感到一种兄弟相残、令人心寒的苦痛"，但是她立刻想起一条铁的纪律："对敌人慈悲，就是对自己的残忍！"根据这一原则，她做出如下判断："托洛茨基离开了共产党，就是十恶不赦的叛徒；就是每个共产党员的敌人！"于是，每逢开会游行，她不仅会大声呼喊上述口号，而且会觉得声音越高，就越能表现自己的忠诚，越能显示自己是百分之百的布尔什维克。

有一次，她和同学们议论托洛茨基的问题，有人情不自禁地说："托洛茨基也是十月革命的功臣呀！"这话让在场的人吃惊不小。大概是为了缓解气氛吧，一位绰号叫阮小二的同学用调侃的口吻说：这种事例在历史上太多了，"像咱们中国汉高祖刘邦那个流氓，当年利用智勇双全的韩信，打败了不可一世的楚霸王项羽，他自己做了皇帝，大权独揽，他心胸狭窄，既妒忌、又害怕功高而骄的韩信。于是捏造个罪名就把韩信斩了。现在二十世纪，社会主义的国家，赶走个把托洛茨基，有甚么稀奇！值得同情吗？真是傻瓜。"

当时在场的刘仁静听到这话以后，不由得叹了一口长气。刘仁静的一声叹息，给了阮小二继续发挥的机会。他说："仁静！你叹什么气呀？当年在北京大学念书时，你不是有名的'小马克思'吗？共产党是老马克思的信徒，还会有错吗？第三国际总是'万能'！斯大林同志当然'万岁'！你叹什么气哟？傻瓜！"看到刘仁静没啥反应，阮小二继续说："告诉你，傻瓜！当年我们为了爱国，为了反对日本帝国主义灭亡中国的二十一条件，为了反对列强瓜分中国，为了救中国而走上了苏联的道路。加入了共产党。之后就有人告诉我们说：不要做狭隘的爱国主义者，现在的国家是腐化的官僚和军阀统治的。我们是共产党人，我们要爱共产党的'祖国'苏联！……"

阮小二的这番话，反映了当时热血青年投身革命的动机和随之而来的无奈。这时的刘仁静虽然沉默寡言，却早已有了自己的主意。1929年他从列宁学院毕业后，没有根据组织的安排返回中国，而是踏上寻访托洛茨基的旅程。不久，他在柏林街头看到一张小报，从中得知托洛茨基的下落。随后，他离开德国，经罗马尼亚到达土耳其的伊斯坦布尔，终于找到托洛茨基。

正因为如此，杨子烈在讲完这段故事后，颇有感慨地说："在莫斯科寒冷气压之下，这一群生龙活虎似的青年革命者，渐渐地都变得沉默寡言。没有人敢似从前，心中有什么不满，嘴里就天真地叫出来，错了也不要紧，……人性中至可宝贵的一点天真、热情、友爱都渐渐地丢进莫斯科河里去了。代替它的是一副冷冰冰的面孔和失掉热情的心。"

胡适批评蒋介石的"新生活运动"

1934年年初,蒋介石在南昌发起"新生活运动"。这个运动以儒家的"礼义廉耻"为中心思想,以蒋介石的"三化"为行动指南,其目的是要在全国范围内推行一场"改造国民生活形态以及行为模式"的教育运动。

蒋介石的"三化",是指"生活艺术化、生活生产化、生活军事化"。所谓"生活艺术化",是以"艺术"(包括中国古代的"六艺")为国民生活准绳,达到"整齐完善,利用厚生之宏效"。所谓"生活生产化",是以"勤以开源,俭以节流,知奢侈不逊为非礼,不劳而获为可耻"的教育,达到"救中国之贫困,弭中国之乱源"之目的。至于"生活军事化",则正如蒋介石所说:"所谓军事化,就是要整齐、清洁、简单、朴素,也必须如此,才能合乎礼义廉耻,适于现代生存,配做一个现代的国民!"他还说,"勇敢迅速"、"刻苦耐劳"、"能随时为国牺牲"、"可以与敌人拚命"……,也是生活军事化的内容。

为了掀起这样一场运动,蒋介石在《新生活运动发凡》的演讲中说：革命就是依据一种进步的新思想或主义，用人的力量彻底改进每一个人以至整个国家的生活形态。"简言之，革命即生活形态之改进也。吾国革命之所以迄今尚未成功，即在于全国国民之生活形态始终无所改进。"他强调："新生活运动"既是使国民革命得以成功，中华民族得以复兴的一项重要措施，也是要求全国国民在衣食住行方面能够彻底改进的一种社会教育运动。1934年7月，"新生活运动促进总会"在南昌正式成立，蒋介石自任总会长，江西省政府主席熊式辉任总干事，并设立调查、设计、推行等三个部门。与此同时，国民党中央党部也作出决议，要求有关部门共同拟定这个运动的推行办法，希望用党和政府的力量大力推广这个运动。

"新生活运动"开始后，立刻引起舆论的议论。1934年2月26日，北平《晨报》载文指出："自革命军兴，'打倒孔家店'之呼声，传遍全国，国民政府成立，且明令废止祀孔。曾几何时，向之主张废孔者，今又厉行尊孔。抚今追昔，真令人百感丛生，觉人事变幻，殆有非白云苍狗所能喻者，孔氏有知，度与吾人有同感矣。"

一个多月之后，胡适在《大公报》发表题为《为新生活运动进一解》的文章，点名批评蒋介石的这一举措。他说："蒋介石先生近日在南昌发起新生活运动，一个月之中新生活的呼声好像传遍了全国，各地都有军政各界的领袖出来提倡这个运动"；尽管蒋先生是一个有宗教热诚并能身体力行的人，我们也看到南昌印出来的《新生活须知》小册子，所开九十六条（规矩五十四项，清洁四十二项）都是一些柴米油盐、家常便饭的事情。但是根据我们最近的观察，却不能不"感觉一点过虑"，故提出以下意见：

第一，我们不可太夸张这种新生活的效能。《新生活须知》中所列内容，"不过是一个文明人最低限度的常识生活，这里面并没有什么救国灵方，也不会有什么复兴民族的奇迹。"做到其中规定的所谓"钮扣要扣好，鞋子要穿好，饭屑不乱抛，碗筷要摆好"之类，不过是学会了一个做人的本分。这就好像做官不贪污乃是做官的本分一样，强调过分，"那是会遗笑于世的"。

第二，新生活运动应该是一个教育运动，而不是一场政治运动。生活是一种习惯，生活习惯的改革，要依靠教育的进步，而不能依靠政府的强制。"若靠一班生活习惯早已固定的官僚政客来开会提倡新生活，那只可以引起种种揣摩风气"，虚夸应付的恶习也会由此而生。

第三，"我们不要忘了生活的基础是经济的，物质的。许多坏习惯都是贫穷的陋巷里的产物。人民的一般经济生活太低了，决不会有良好的生活习惯。"因此，政府的第一责任，是让老百姓能够生活下去；第二责任，是要提高他们的生活能力；最后一步，才是教他们如何去过所谓的新生活。

同年9月，著名学者吴泽霖在《东方杂志》发表文章说："民族复兴，并不是一件轻而易举的事，决不是单靠传单、标语、口号等宣传所能济事的"。在这篇文章中，他还指出："中国的文化确有种种的特长，惟与西方各国来周旋，那根本无法可以抵抗他们的强力。所以民族复兴的文化条件，并不在什么保存国粹，而在怎样吸收一种文化使我们能抵抗他们的武力和经济侵略。"这显然是对胡适批评的一个补充。

张学良与"九·一八事变"

1931年9月18日,驻扎在沈阳的日本关东军向中国军队发动突然袭击,并很快占领东北全境,这就是震惊中外的"九·一八事变"。事变发生后,身为国民政府陆海空军副司令兼东北边防司令长官的张学良应该负什么责任呢?这本来是一个非常简单的问题,但由于历史的原因,特别是后来张学良在"西安事变"中的表现,长期以来始终没有一个令人信服的答案。因此在"九·一八事变"80周年之际,有必要重新回顾一下这段历史,以便澄清事实真相。

一、 张作霖的传奇

日本侵略中国的历史,至少可以追溯到1894年的中日甲午战争。就在这一年,20岁的张作霖投奔宋庆统率的毅军,当了一名骑兵。战争结束后,张作霖回到辽西,与赵家庙乡绅赵占元的女儿赵春桂结婚。当时的辽西，可谓散兵成群，乞丐遍野，官府腐败，土匪横行。为了维护社会治安，各地成立了名叫"大团"的武装自卫组织。在赵占元的支持下，张作霖也成立了一个拥有20多人的大团。由于他领导有方，纪律严明，该地区的治安状况得到很大改善。为此他名声鹊起，管辖范围扩大到周围20多个村庄。

在赵家庙西北的中安堡，有一个上百人的大团。该团团长金寿山招降纳叛、藏污纳垢、横行乡里、无恶不作。在当地百姓的请求下，张作霖率众占领中安堡，赶走金寿山。金失败后怀恨在心，便寻找机会进行报复。1901年农历腊月三十半夜，金寿山率众前来偷袭。张作霖因为疏于防范，在措手不及的情况下落荒而逃。他的妻子赵氏在逃亡路上生下一个男孩，这就是他们的大儿子张学良。

张作霖逃到一个名叫八角台的集镇以后，当地绅商因为久闻其名，便热情地请他担任大团团长。张作霖上任后，得到当地绅商居民的交口称赞。不久，盛京将军增韫根据"化私团为公团"的建议，决定收编各地大团。于是，张作霖也由一个地方武装的小头目，摇身一变成为一名政府军的军官。当时他被任命为新民府巡警前路游击马队帮办，是一个相当于副营长的职务。

1904年，日本和俄国在我国东北地区开战，史称日俄战争。当时辽西虽然是中立区，却深受战争蹂躏。在此期间，张作霖与日俄两军巧妙周旋，既承担了巨大的风险，也锻炼了自己的能力。有一次，他被日军活捉，差点儿失去生命。1907年，张作霖因为智擒土匪杜立山有功，被提拔为相当于团长的奉天巡防营统领。1911年辛亥革命期间，张作霖以"勤王"的名义率兵进入省城，受到东三省总督赵尔巽的赏识和提拔。中华民国成立后，张作霖由中将师长很快晋升为奉天省督军兼省长。1916年，他被任命为东三省巡阅使，掌握了东北的军政大权，成为重要的封疆大吏。就在这一年，日本浪人因张作霖不答应他们提出的"满蒙独立运动"，曾策划了刺杀张作霖的行动。出事那天，张作霖多次遭到炸弹袭击。但由于他胆大机智，马术娴熟，才死里逃生，幸免于难。

1920年以后，张作霖经过多年南征北战，终于在1927年6月担任"中华民国军政府陆海军大元帅"，开始行使国家元首的权力。然而好景不长，到了1928年4月，张作霖在北伐军的进攻下全线崩溃。于是他被迫离开北京返回沈阳。临行前，日本驻华公使芳泽谦吉逼他在丧权辱国的《日张密约》上签字，被张作霖严词拒绝。张义正词严地说："我是东北人，东北是我的家乡，祖父母的坟地所在地，我不能出卖东北，以免后代骂我张作霖是卖国贼。"他还告诉对方："我什么也不怕，我这个臭皮囊早就不打算要了！"

1928年6月4日凌晨5时许，张作霖乘坐的火车在返回沈阳时，被日本关东军安放在皇姑屯车站的炸药炸死，终年53岁。

二、 杨宇霆的悲剧

张作霖被炸死后，杨宇霆成了东北军高层将领中又一个遇难者。不过，直接杀害他的不是日本人，而是张学良。

杨宇霆字凌阁，1885年出生于辽宁法库的一个山村。他从小刻苦好学，聪明过人。16岁考中秀才以后，由堂兄资助赴日本士官学校留学。回国后步入军界，因为人谨慎、训练有素，从排长、连长开始，最后担任了奉军总参谋长、东三省巡阅使、上将军公署总参议兼奉天兵工厂督办等重要职务。另外，他足智多谋、顾全大局，还享有东北军"智囊"和"小诸葛"等称号。

张作霖在世时，杨宇霆协助他做了四件大事：一是建立东北海军，使军队自成体系，大大增强了奉军的实力。二是制定田赋制度，鼓励农民开垦荒地，以便发展生产，繁荣经济。三是独立修筑战备公路，使东北的交通运输不受日本挟制。四是开办奉天兵工厂，自制武器弹药，从而增强了防卫能力。

张作霖重用杨宇霆以后，不仅让东北的社会经济和军事力量得到迅速发展，也使日本侵略者不敢轻举妄动。有一次，日本方面向张作霖提出要在东北实行"和汉杂居"的要求，杨宇霆认为这是袁世凯卖国条约的翻版，力主不予答应。于是，日本人认为杨宇霆是他们侵占东北的主要障碍，必欲除之而后快。

大帅张作霖遇难以后，杨宇霆以周公自诩，想忠心耿耿、全力以赴地辅佐少帅。少帅张学良是"民国四大公子"之一，他不仅风流倜傥，涉猎广泛，还吸毒成瘾，不问政事。杨宇霆经常苦口婆心地劝他，但他根本听不进去。有一次，某官员有重要情况向张学良汇报，被卫兵拒之门外。无奈之下，他只好找杨宇霆求助。杨知道张正在抽鸦片，便生气地骂道："如此下去，抽死得了。"随后，他带领这位官员来到张学良官邸，大声问卫兵："少帅何在？"卫兵回答说："少帅尚未起床。"杨宇霆听了这话，不禁怒火中烧，气冲冲地闯了进去。到了张学良的卧室门口以后，他大声喊道："我是杨麟阁，快起来，有公事！"

杨宇霆的做法让张学良很不高兴。日本方面知道二人不和，便散布流言蜚语，挑拨他们关系，并暗示张学良应该及早除掉这一隐患。没想到张学良真的上了圈套，中了奸计。不过就在动手杀杨之前，张学良还是有点犹豫。一天夜里，他取出一枚银元，想用占卜的方法作出决断。没想到三次占卜都是"袁头"向上，表示应该下手。他让夫人于凤至占卜，结果也是一样。

1929年1月10日晚间，张学良设计把杨宇霆骗至少帅府，以侵吞军饷、贻误战机、图谋不轨等莫须有的罪名将杨杀害。随后，张学良把那枚银元保存在卧室的保险箱里。另外，在这个保险箱里还有一张50万元的收条。这张收条是张学良赞助某日本议员参加竞选所捐的款项。后来该议员在竞选中失败，这50万元也就打了水漂。自己不思进取，却想通过收买别人达到目的，实在是没有出息的表现。难怪胡适得知张学良保险箱中的两个秘密之后，会感慨万端地说："杨宇霆不死，东北四省不会如此轻易失掉。"

三、 张学良的谬误

"九·一八事变"爆发时，张学良夫妇正在北平前门外的中和戏院观看梅兰芳的京剧《宇宙锋》。这是一出抨击秦二世荒淫无度、滥杀无辜的传统剧目，不知"张二世"看了以后有何感受。

当时中国在东北地区有17个步兵旅，3个骑兵旅，1个步兵师，共20

多万人。另外，在平津地区还有东北军11万精锐部队，随时可以调用。事变发生的当天夜里，驻扎在北大营的独立第7旅是东北军战斗力最强的一支劲旅。相比之下，日本在我国东北只有两个旅团和6个守备大队，大约一万人左右。即便算上在东北的日本警察、退伍军人和驻扎在朝鲜的两个日本师团，中国军队也占绝对优势。在武器装备方面，仅沈阳的兵工厂和军火仓库中，就有飞机260架，大炮250门，炮弹10万发，迫击炮600门，迫击炮弹40万发，步枪15万枝，子弹300万发。此外，据说日军在进攻黑龙江时使用的法国雷诺坦克，也是从沈阳缴获的。

"九·一八事变"以后，留守北大营的最高指挥官是东北军第7旅参谋长赵镇藩上校。当张学良收到他的紧急报告后，却以为日本政府是会控制关东军的，他们也"不想扩大事态"。于是他下达了避免冲突、尊重国际联盟调解的命令。

由于张学良下达了不抵抗命令，日本关东军仅用半天时间就先后占领了沈阳、丹东、营口、抚顺、海城、辽阳、本溪、四平等铁路沿线的18座城镇。第二天，长春沦陷。10月初，关东军开始进攻辽西和黑龙江地区。到1932年年初，随着锦州和哈尔滨的陷落，整个东北100万平方公里的土地被日军占领，这相当于日本国土面积的3倍。

关于张学良所奉行的不抵抗主义，过去一直认为是蒋介石下达的命令。直到1990年6月至8月，张学良两次接受日本NHK电视台记者的采访时，才披露了事情真相。他说："我当时没想到日本军队会那么做，我想绝对不会的，我认为日本是利用军事行动向我们挑衅，所以我下了不抵抗命令。"他还说："我不能把'九·一八事变'中不抵抗的责任推卸给国民政府。是我自己不想扩大事件，采取了不抵抗的政策。"随着研究的深入，张学良的说法得到有关史料的印证。

四、 学术界的评论

1931年9月19日，也就是"九·一八"事变的第二天，胡适在日记中就记录了此事。1932年8月，胡适在《独立评论》第13号发表题为《汪精卫与张学良》的文章。文章指出：政府对于张学良"致三千万人民数千万里土地陷于敌手"的大罪，应明令惩处，追究责任。文章认为：对于张学良来说，"少年的得志几乎完全毁了他的身体和精神，壮年的惨痛奇辱也许可以完全再造一个新的生命。如果他能决心离开他现在的生活，到外国去过几年勤苦的学生生活，看看现代的国家是怎样统治的，学学先进国家的领袖是怎样过日子的，——那么，将来的中国政治舞台上尽有他可以服务效劳的机会。"

在同一期《独立评论》上，丁文江以《假如我是张学良》为题发表文章。他说：国难当前，我们希望张学良能够牺牲一部分实力，为国家争点人格，也让日本人付出相当的代价。他还说："假如我是张学良，要预备积极的抵抗，第一步先把司令部移到张家口。……假如我是张学良，我一定请中央一面派人点验我的军队的枪支人数……，一面把所有华北的税收机关由中央派人接收。"言外之意，张学良在军队人数和财政税收等方面，都有暗箱操作的嫌疑。

两星期之后，任鸿隽发表《为张学良进一言》的文章，他说：既然有人指责张学良"藉抵抗之名，以事聚敛"，那么张学良就应该"做出一个毁家纾难的义举，自己拿出三五百万来做抗日的军费。"任先生认为，只有这样，所谓"聚敛"、所谓"要挟"、所谓"搜刮"等说法才会不攻自破，大家对张学良的人格，才不会怀疑。此外，傅斯年、蒋廷黻等人也发表了重要言论。

1933年3月2日，胡适在日记中写道：

> 晚上到张学良将军宅吃饭。……他说，人民痛恨汤玉麟的虐政，不肯与军队合作，甚至危害军队。此次他派出的丁旅，行入热河境内，即有二营长不知下落，大概是被人民"做"了。他要后援会派人去做点宣传工作。
>
> 我忍不住对他说：事实的宣传比什么都更有力。我们说的是空话，人民受的苦痛是事实，我们如何能发生效力？最后是你自己到热河去，把汤玉麟杀了或免职了，人民自然会信任你是有真心救民。
>
> 我对他说天津朋友看见滦东人民受的痛苦，人民望日本人来，人心已去，若不设法收回人心，什么仗都不能打。
>
> 丁在君也说：汤玉麟的虐政，人民自然要记在张汉卿的账上。
>
> 张将军只能叹气撒谎而已。
>
> 国家大事在这种人手里，那得不亡国？

1936年西安事变后，胡适在第二天的日记中有这样的话："汉卿为人有小聪明，而根基太坏，到如今还不曾成熟，就为小人所误。"

到了1950年，胡适又在《史大林策略下的中国》中写道："这个'少帅'张学良，那时正在三十四十岁的中间，是一个因为纵容而变坏的竖子；他的理解力从没有成熟过。生于有钱有势的家庭，他是野心而自负的。……（到了1936年）他已陷入夜郎自大的地步，幻想他可以成为反日反蒋的'联合阵线'的领袖。"

附：张学良的保险箱

胡适是一位既有历史感又很负责任的人。在他的日记中，有见识的看法和有价值的史料随处可见。比如1934年2月11日，他在日记中记录一件有关张学良在保险箱里存放的两件东西：一张收条和一块银元。从这两件东西中，可以看出张学良为人处世的基本态度。

胡适怎么会知道张学良保险箱里存放的东西呢？这事还须从头说起。1934年1月底，胡适从北平乘火车抵达当时的首都南京，出席中华教育文化基金董事会第八次董事会议。在此期间，他不仅会见了朋友，参观了中山陵，还去了上海一趟。参观中山陵时，他的感觉是建筑费用太高，既不美观也不实用。他说：如果能把道路修到孙中山墓前，去掉那四百个台阶，就可以方便游览，节省费用。另外，在与朋友们谈到国内形势时，他认为当时"武人横行"的混乱局面，完全是因为"文人无气节，无肩膀"所致，这也是南京政府的问题所在。

会议结束后，胡适于2月11日乘火车返回北平。上车后遇上许多熟人，其中有个名叫王化一的人对他说："在张学良的保险箱里，只有两件东西,一件是50万元的收条,一件是一块银元。"王化一曾任东北民众抗日救国会常务委员、古北口警备司令,是一位著名的东北籍抗日将领。王还说:那张收条是张学良赞助一位日本议员参加竞选的费用,后来该议员竞选失败,这50万元也就打了水漂。至于那块银元,则是张学良"决定杀杨宇霆的关键"。

杨宇霆是东北军的重要人物。他早年赴日本士官学校留学,回国后步入军界。由于他足智多谋,很快受到张作霖的重用,并在东北军中获得"小诸葛"的称号。在杨宇霆辅佐下,张作霖实力大增,使日本人在东北不敢轻举妄动。正因为如此,张作霖才能对日本人保持强硬态度。据说有一次张作霖出席日本人的酒会,酒过三巡之后,一个日本人明知张作霖是绿林出身,没有什么文化,却为了让他出丑,故意请他写字。没想到张作霖提起笔来,很潇洒地写了一个大大的"虎"字。随后,他又在落款处写了"张作霖手黑"几个字。看到这里,那个日本人几乎笑出声来。张作霖的随从也在一旁悄悄提醒道:"大帅,'手墨'的'墨'字下面少了个'土'字。"谁知张作霖瞪起眼睛骂道:"妈那个巴子的!我还不知道'墨'字怎样写吗?对付小日本,手不黑行吗?我这叫'寸土不让'!"在场的中国人这才恍然大悟。

张作霖被日本人谋杀以后,杨宇霆以周公辅成王的典故自诩,不仅规劝张学良戒毒,还批评他只顾玩乐,不问政事。对于杨宇霆的作法,年轻气盛的张学良并不买账。与此同时,日本方面也不断挑拨他们的关系,说杨宇霆是张学良身边的最大隐患,应该及早除掉。

在日本人的挑拨下,张学良也认为杨宇霆在他面前过于跋扈,便动了杀机。但由于杨是"前朝重臣",他一直不忍下手,于是那块银元便成了是否杀害杨宇霆的关键。据王化一说,有一天夜里,张学良在卧室里对这个问题"筹思不决",便取出一块银元占卜。他想:如果"袁头向上则杀杨,向下则不杀。"没想到掷了三次,都是袁头向上。于是"他不觉泪下"。

看到丈夫落泪,于凤至十分诧异。经过追问,张才如实回答。这时于凤至也拿起银元丢了两次,没想到都是袁大头向上。最后一次,银元掉在床上,她过去一看,也流下了眼泪,原来这一次也是袁大头向上!在这种情况下,张学良终于下了杀杨宇霆的决心。

听了王化一的话,胡适在日记中写道:"杨宇霆若不死,东北四省(引者按:指辽宁、吉林、黑龙江、热河)必不会如此轻易失掉。"

其实,胡适一直对张学良很不满意。比如"九·一八事变"之后,他曾多次劝张学良辞职,把军政大权交付中央。张学良也表示愿意听劝,但始终没有兑现。1932年热河事件爆发后,胡适在信中对张学良说:

> 去年夏间曾劝先生辞职,当时蒙复书表示决心去职。不幸后来此志未得实行。就有今日更大的耻辱。然先生今日倘能毅然自责求去,从容交卸,使闾阎不惊,部伍不乱,华北全部交中央负责,如此则尚有自赎之功,尚有可以自解于国人世人之道。……若再恋栈以自陷于更不可自拔之地位,则将来必有最不荣誉的下场。百年事业,两世英名,恐将尽付流水了。

1936年西安事变爆发后,胡适又在日记中写道:"这祸真闯得不小!汉卿为人有小聪明,而根基太坏,到如今还不曾成熟,就为小人所误……"

与张学良相比，胡适显然是更欣赏他的父亲张作霖。在1934年2月11日的日记中，胡适还记了下面两个小故事：

一是当年张作霖经常骂人，但是对杨宇霆从来不说一句粗话。有一次他和杨宇霆争论一件事，情急之下带出"妈的"两个字。杨宇霆站起来责问他："你骂谁？"张作霖立刻作揖赔罪道："这是咱的口头语，一个不留心溜出来了"。二是张作霖任命王永江当警备处长，王要求全权用人，不受军人干涉，张一口答应。为了培养人才，王成立高等警官学校。汤玉麟等人向他推荐人才，他一概拒绝，因此对东北军元老多有得罪。有一次开会，汤玉麟借故攻击王永江，被张作霖大骂一顿，汤玉麟怒不可遏，遂举兵作乱。最后还是念及兄弟情谊，才冰释前嫌。

对于前者，胡适的看法是"这个故事很美"，从而表达了他对张作霖的肯定。对于后者，胡适认为"老张宁愿自己的老弟兄造反，而不肯减轻他对王永江的信任，这是他最不可及之处。"

胡适的记录和议论，为进一步研究张学良提供了参照和依据。

中国知识分子与"九·一八"事变

今年9月18日,是"九·一八"事变80周年。考察一下中国知识分子对这一突发事件的反应,也是一种很好的纪念。

一、 胡适的心情

1931年9月19日,也就是"九·一八"事变的第二天,胡适在日记中写道:

> 今早知道昨夜十点,日本军队袭攻沈阳,占领全城。中国军队不曾抵抗。
>
> 午刻见《晨报》号外,证实此事。

此事之来，久在意中。八月初与在君都顾虑到此一着。中日战后，至今快四十年了，依然是这个国家，事事落在人后，怎得不受人侵略！（《胡适日记全编》六，第155-156页，安徽教育出版社2001年版）

日记中的"在君"，就是著名学者丁文江。1931年8月初，胡适在参加了一个复兴北京大学的会议之后，便带着儿子祖望与好友丁文江一同到秦皇岛避暑去了。丁文江是著名的地质学家，对军事问题颇有研究，二人在秦皇岛避暑时，自然会谈到40年前的甲午战争，以及战争以后中日两国的发展情况。

尽管胡适对于"九·一八"事变早有预感，但这一事件还是让他的心情十分恶劣。由于什么事也不想做，他回忆起几个月前陈寅恪请他在其岳祖父唐景崧遗墨上题词的事。于是，胡适写了一首律诗题在上面：

南天民主国，回首一伤神。
黑虎今何在？黄龙亦已陈。
几枝无用笔，半打有心人。
毕竟天难补，滔滔四十春！

唐景崧（1841-1903）字维卿，广西灌阳人。早在中法战争期间，他就因为招抚刘永福的黑旗军以及在越南抗法有功，受到清廷的褒奖。随后，他以道台身份被派往台湾，通过办书院、兴科举、修铁路、劝农桑等方式，为当地老百姓做了许多好事。1894年甲午战争爆发后，已经是布政使兼台湾巡抚的唐景崧,曾经7次致电朝廷,反对割让台湾。《马关条约》签订后,他拒不执行朝廷放弃台湾、撤回内地的命令,准备誓死抵抗日本侵略者。为此,他与丘逢甲、刘永福等人创建台湾民主国。民主国成立后,大家推举唐景崧为大总统,并制定以"黑虎"(黑色纹路的老虎)为图案的国旗。不久,日军在台北登陆,唐景崧因力量悬殊、寡不敌众而返回大陆。在此期间,胡适的父亲担任过台湾营务处总巡和台东直隶州知州,参加了唐景崧领导的抗日斗争,并在回国途中因病去世,所以胡适在"九·一八"事变以后,自然会想起这刻骨铭心的国恨家仇。

9月26日,胡适在写给周作人的信中不但将上述律诗录入,还两次提到自己的心情一落千丈,十分"没落"(《胡适来往书信选》中册第83页,中华书局香港分局1983年版)。在这以后,一位署名为"敬"的人多次致信胡适,讨论应对时局的办法。此人在信中说:所谓办法,"有枪杆子与笔杆子两种",有枪杆子就应该革命,有笔杆子则可以"唤起全国同情"(同上,第85页)。他认为"以党治国"的国民党"可谓恶贯满盈",劝胡适不要为政府出谋划策(同上,第90-91页)。

二、 蒋廷黻的分析

多少年后,著名历史学家蒋廷黻对"九·一八"事变爆发的原因有所分析。他说这一事件之所以发生,与以下几个因素有关:

第一是极为落后的中国国力与急剧上涨的民族意识很不相称。蒋廷蒇认为，中国不可能在短时间内跻身于现代强国之林，但是却可以在短时间内唤醒民族意识，从而争取平等的国际地位。由于没有强大的国家实力做后盾，所以急剧上涨的民族意识就会失去依托。反过来说，如果中国的国力比民族意识发展更快，就不可能发生"九·一八"事变。这实际上是在委婉地批评政府的无能和轰轰烈烈的抗日救亡运动。

第二是世界性经济危机的爆发致使"日本领土扩张论"迅速抬头。蒋廷黻指出，在"九·一八"事变爆发之前，日本与世界上大多数国家一样，陷入了1929年以来席卷全球的经济危机。工厂关闭、工人失业、市场萧条，产品积压……，成为困扰日本的严重问题。另外，日本又是一个自然资源匮乏的国家，因此它势必要寻找对外扩张的借口和机会。

第三是日本对占领东北有自己的一套逻辑。蒋廷黻是历史学家，他注意到：日本当局声称他们不是从中国人手里、而是从俄国人那里"夺回"东北的。为什么会这样说呢？因为日本人认为，如果他们在日俄战争中失败的话，东北肯定会成为俄国的领土。但是日本在这场战争中胜利了，于是在"国际间的嫉忌和中国的外交阴谋"交互作用下，东北并没有归入日本版图。日俄战争以后，中国不但不与日本合作，反而"阻止日本发展"，因此他们不得不发动"九·一八"事变。

第四是日本人一直没有受到中国人的尊重。蒋廷黻指出，在过去若干世纪，我们一直把日本人当作"侏儒"甚至"倭寇"，认为日本人少、地小、文化低。基于这种认识，我们把日本在东北的一切行为，包括驻兵、筑路、控制重要的港口，都视为对中国的侮辱和侵略。

蒋廷黻认为，面对如此复杂的四大问题和两国之间的严峻局面，"除非中日双方小心、聪明，否则就会产生巨变。"（《蒋廷黻回忆

录》第140-142页，岳麓书社2003年版）

此外，蒋廷黻在"九·一八"事变一周年的时候，又分析了谁应该对这一事件承担责任。他说："据欧美记者及外交官的调查，近几年来东北人民所受政府及官员的压迫和剥夺简直不堪言状。这般中立国的人士都说九·一八以前的政权，就是为东北人民计，是不应该恢复的。"他还说，在这种情况下，"当局的人不能励精图治，只知穷兵黩武，闹到财政破产，民不聊生；这责任除了东北当局外是丝毫不能移到别人身上的。"（《独立评论》第18号第16页）这里所谓"当局的人"或"东北当局"，当然是指张学良了。

三、 俞平伯的建议

"九·一八"事变的前四天，也就是1931年9月14日，经过整顿的北京大学举行了开学典礼。当时蒋梦麟任北京大学校长，胡适任文学院院长兼中文系主任。在此之前，中华教育文化基金董事会（简称中基会）为了提倡学术研究，拨出特别款项对北大实行资助，其中研究教授的年薪，从4800到7200元。享受这一待遇的有15人，其中除了胡适以外，还有大家熟悉的丁文江、徐志摩、周作人、汤用彤、李四光等人。在北大设置研究教授的目的，用胡适的话来说，是为了实现"学术救国"的理想，并希望迎来中国的"文艺复兴"。然而就在这个时候，爆发了"九·一八"事变。

"九·一八"事变以后，北平学生纷纷罢课，并投入轰轰烈烈的抗日救亡运动。面对这种情况，当时正在清华大学担任教授的俞平伯十分忧虑。他担心长此以往，普通民众和青年学生将会误入歧途，被人利用。于是他专程拜访胡适，建议胡适像当年办《新青年》那样办一个周刊，用"深沉之思想"、"浅显的文字"告诉大家，在这国难当头之际，应该在"息心静气，忍辱负重"的基础上，"提倡富强，开发民智"，从而实现"吾辈救国之道"。（《胡适来往书信选》中册第83-84页）

俞平伯的建议其实是知识界的共同心愿。据蒋廷黻回忆，当时著名学者叶企孙和陈岱孙住在清华大学北院7号。"九·一八"事变以后，因为他和金岳霖、张奚若、周培源、萨本栋、钱端升等人都喜欢去那里讨论时局问题，所以北院7号就成为一个知识分子的沙龙，即蒋廷黻所谓"非正式俱乐部"。有一天大家在一起聚餐，出席的有胡适、丁文江、傅斯年、翁文灏、陶孟和、张奚若、吴宪、任鸿隽及其夫人陈衡哲等人。席间蒋廷黻提议应该办一个周刊，讨论中国面对的问题和知识分子在国难时期应尽的责任。这一建议遭到陶孟和的反对，但是却得到丁文江的支持。在丁文江的倡议下，大家拿出个人收入的5%作为办刊经费，并且由胡适负责编务。又经过一番酝酿，"独立评论"终于问世。

四、　　左舜生的言论

"九·一八"事变以后，以左舜生为代表的中国青年党人则是另外一种表现。

左舜生（1893-1969），湖南长沙人。他早年毕业于上海震旦大学法文系，1919年加入少年中国学会，任该会评议部主任，负责《少年中国》的编辑工作。1924年，中国青年党在上海创办《醒狮周报》，鼓吹国家主义，反对苏联，反对中国的苏维埃革命。左舜生加入该党以后，担任过《醒狮周报》总经理职务。"九·一八"事变以后，左舜生与青年党人陈启天在上海创办《民声周刊》，并写了大量文章，呼吁"停止内争，一致对外"。

10月24日，左舜生发表《且看今后的国民党》一文，希望"国民党能变成一个统一而有力的党派"。他认为这样一来，其他党派才能得到"健全的发展"。因此，"国民党能团结起来，不仅是国家之福，也是其他党派之幸。"（《左舜生年谱》第94页，台湾国史馆1998年印行）

10月31日，左舜生在《注意日本的所谓条件》一文中指出："日本这一次的出兵占领辽吉，完全是对中国抱着一个算总帐的态度，日本既下了一百二十分的决心，在他们是大有不达目的不止之势。我们立在国民的地位，遇着这样一个死不争气的政府，假如我们不也抱定一百二十分的决心，不也抱定一个与日本算一回总帐的坚决态度，则不仅辽吉两省有名存实亡之忧，就想要在最近的中日交涉上稍稍有一点补救，恐怕也是不可能的事。（同上，第84-85页）

11月21日，因为日本要利用溥仪建立伪满州国，因此左舜生在《日本利用溥仪复辟的严重性》一文中说：这件事一旦成功，日本每年支付数百万供养这个傀儡，而东北"一切军政、财政、交通、金融、警察的大权，则完全入于日本人的掌握。名义上是民族自决，满人治满，实际上则东北三省，已完全夷为朝鲜第二"了！（同上，第85页）

11月28日，国民政府拟召开国难会议，左舜生在《我们理想中的国难会议》中说："希望它不是一个虚应故事的东西，也不是一个敷衍残局的工具，它应该是在这个国难期中能够彻头彻尾去完成它救国工作的唯一机关"。与此同时，左舜生还希望"这个会不开则已，如果要开，它应该是全国经济、智慧、良心的总团结。"（同上，第85-86页）。

此外，青年党领导人曾琦在"九·一八"事变以后也提出两个建议：一是"建立国防政府，以武力收复失地"；二是"取消一党专政，合全国一致对外"。（《曾琦先生文集》上册，第195页，台湾中央研究院近代史研究所1993年发行）

五、 丁文江的假设

1932年1月底，日本政府以保护侨民为由向上海发动突然进攻，十九路军奋起抵抗，史称"淞沪抗战"。随后，国民政府迁都洛阳，汪精卫担任行政院院长，形成蒋介石主管军事、汪精卫主管政治的局面。

8月初，汪精卫通电辞职，理由是自"九·一八"事变以来，张学良不仅没有任何行动，反而"欲藉抵抗之名，以事聚敛。"汪精卫还说："当此民穷财尽之际"，我绝不能"搜刮民脂民膏，以餍兄一人之欲。"随后，张学良也发表谈话，决定辞职。

对于这样一个局面，胡适提出三点意见：第一，"在这个国难最紧急的时期，负中央重责的行政院长不应该因对一个疆吏的不满意就骤然抛弃他的重大责任。"第二，政府对于张学良"致三千万人民数千万里土地陷于敌手"的大罪，应该明令惩处，追究责任。第三，汪精卫在通电中说张学良"欲藉抵抗之名，以事聚敛"，有攻讦之嫌。这说明政府还没有走上健康的政治轨道（《独立评论》第13号第2页）。另外，针对张学良也要辞职的表态，胡适还有如下劝诫："少年的得志几乎完全毁了他的身体和精神，壮年的惨痛奇辱也许可以完全再造一个新的生命。如果他能决心离开他现在的生活，到外国去过几年勤苦的学生生活，看看现代的国家是怎样统治的，学学先进国家的领袖是怎样过日子的，——那么，将来的中国政治舞台上尽有他可以服务效劳的机会。"这段话既推心置腹，又毫不客气。可惜张学良并没有听从胡适的忠告。

与此同时，丁文江以《假如我是张学良》为题在《独立评论》发表文章。他说："大难当前，军政首领依然不能合作，真正使我们觉得中华民国的末日到了！"正因为如此，"我们只希望他（指张学良）牺牲一部分的实力，为国家争点人格，使日本人取平津必须出相当的代价。"

他还说："假如我是张学良，要预备积极的抵抗，第一步先把司令部移到张家口"。这样做的目的，一方面是可以利用喜峰口、古北口、南口等天然屏障，另一方面是可以得到太原兵工厂"比较新式"的武器。

由于张学良还向中央政府索要巨额军费，所以丁文江又说："假如我是张学良，我一定请中央一面派人点验我的军队的枪支人数军实，一面把所有华北的税收机关由中央派人接收。"言外之意，张学良在军队实力上有暗箱操作之嫌，在财务税收上有乘机搜刮之虞。在这篇文章的最后，丁文江作了这样的结论：假如张学良能够改弦易辙，"中华民国也许还有一线的希望！"（同上，第5-6页）

此外，另一位著名学者任鸿隽也在《为张学良进一言》中说：既然有人指责张学良"藉抵抗之名，以事聚敛"，那么张学良就应该"做出一个毁家纾难的义举，自己拿出三五百万来做抗日的军费"（《独立评论》第15号，第8-10页）。这样一来，所谓"聚敛"、所谓"要挟"、所谓"搜刮"等说法就会不攻自破，大家对张先生的人格与决心，也就不会怀疑了。

六、 傅斯年的看法

"九·一八事变"之后，担任中央研究院史语所所长的傅斯年给自己的老乡、山东省图书馆馆长王献唐去信说："弟自辽事起后，多日不能安眠，深悔择此职业，无以报国。近所中拟编关于东北史事一二小册子，勉求心之所安耳。"他还表示：在此国难当头之际，"废业则罪过更大，只是心沉静不下，苦不可言。"（《傅斯年全集》第七卷第103页，湖南教育出版社2003年版）

一年以后，傅斯年在《独立评论》发表《"九·一八"一年了！》的纪念文章。文章首先指出："九·一八事变"是"我们有生以来最严重的国难"——它不仅是近百年来东亚历史上最大的一个转折，也是本世纪继第一次世界大战和十月革命以来的第三件大事。

紧接着，文章对这一事件做了进一步分析。傅斯年认为，从表面上看，"九·一八"事变给我们带来四大失望：一是在此国难当头之际，统治者居然拿不出一个对应的办法来；二是面对如此巨变，普通老百姓仍然是醉生梦死，毫无振作的气象；三是国际社会对这一事件的反应始终是隔岸观火，麻木不仁；四是中国政治居然没有一条很好的出路。失望至此，就会绝望。因此不免想到以下三个办法："一、自杀，免得活着难过。二、暗杀，暗杀国贼巨丑，乃下至污吏奸商，或者自己的仇人也可以。三、穷极享乐，只顾今朝，快乐反正赚到，因此死了尤妙。"

通过一番分析，傅斯年得出如下结论：如果从浅层次来看是绝望的话，那么从深层次来看则大有希望。"这希望不在天国，不在未来，而在我们的一身之内。"（《傅斯年全集》第四卷，第30-38页）

此外，著名学者刘文典也在《独立评论》第19号、20号发表题为《日本侵略中国的发动机》的长篇文章，从历史的角度分析了日本侵略中国的原因。

七、 胡适论张学良

1933年3月初，日本侵略者分兵三路向热河大举进攻。出于对日本侵略者的畏惧，担任热河省驻防军上将总司令的汤玉麟居然毫不抵抗，弃城而逃。汤玉麟是张学良的部下，在此之前，他以抗战为借口在当地横征暴敛，无恶不作。因此老百姓对他恨之入骨。据说，当时宋庆龄也骂他是"鸦片将军"，是"开门放日本军队进中国"的罪人。

1933年3月2日，胡适在日记中写道：

> 晚上到张学良将军宅吃饭。……他说，人民痛恨汤玉麟的虐政，不肯与军队合作，甚至危害军队。此次他派出的丁旅，行入热河境内，即有二营长不知下落，大概是被人民"做"了。他要后

援会派人去做点宣传工作。

  我忍不住对他说：事实的宣传比什么都更有力。我们说的是空话，人民受的苦痛是事实，我们如何能发生效力？最后是你自己到热河去，把汤玉麟杀了或免职了，人民自然会信任你是有真心救民。

  我对他说天津朋友看见滦东人民受的痛苦，人民望日本人来，人心已去，若不设法收回人心，什么仗都不能打。

  丁在君也说：汤玉麟的虐政，人民自然要记在张汉卿的账上。

  张将军只能叹气撒谎而已。

  国家大事在这种人手里，那得不亡国？（《胡适日记全编》六，第199页）

  第二天，胡适在密码电报中对蒋介石说："热河危急，决非汉卿所能支持。不战再失一省，对内对外，中央必难逃责。非公即日飞来指挥挽救，政府将无以自解于天下。"（同上，第200页）

  随着时间的推移，胡适对张学良的印象越来越坏。1934年2月中旬，胡适到从北平到南京开会，在返回途中遇到一位名叫王化一的人。此人是张学良的亲信，曾任东北民众抗日救国会常务委员、古北口警备司令。他告诉胡适：在张学良的保险柜里藏着两个惊人秘密，一是数额为50万元的收条，二是一块银元。50万元的收条是张学良赞助某日本议员参加竞选的费用，后来该议员竞选失败，这50万元也就打了水漂。至于那块银元，则是张学良"决定杀杨宇霆的关键"。（《胡适日记全编》

六，第321-322页）

　　为什么一块银元会成为杀杨宇霆的关键呢？这事还要从张作霖被日本人炸死说起。张作霖在皇姑屯遇害时，张学良才27岁。为了辅佐"幼主"，素有东北"小诸葛"之称的杨宇霆便以周公自诩，经常批评张学良花天酒地、吸毒成瘾、不务正业。据说有一次某官员有要事求见，被张学良的卫兵拒之门外。无奈之下只好找杨宇霆求助。杨知道张正在吸食鸦片，便骂道："如此下去，抽死得了。"随后，他带领这位官员来到张学良官邸，问卫兵少帅何在？卫兵说尚未起床，他便怒气冲冲地闯了进去，在张学良的卧室门口大声嚷道："我是杨麟阁（杨宇霆字麟阁），快起来，有公事！"

　　杨宇霆的做法让张学良很不高兴。日本人得知这一情况后，便散布流言蜚语，挑拨二人关系，暗示张学良要及早除掉身边的隐患。不料张学良真的动了杀机，中了对方的圈套。一天夜里，他正在为此犹豫不决时，便取出一枚银元，想用占卜的方法作出决断。三次占卜的结果，都表示杨宇霆该杀。于是，他将杨宇霆杀害后，便把这枚银元放在卧室的保险箱内。听完这个故事以后，胡适一方面觉得张学良过于荒唐，一方面感慨地说："杨宇霆不死，东北四省不会如此轻易失掉。"（同上，第322页）

　　1936年西安事变后，胡适在第二天的日记中有如下记录：

> 今早我还未下楼，小三大叫："爸爸，张学良造反了！"我看报，才知道张学良在西安叛变，把蒋介石先生扣留了。政府昨日有紧急处分，免张学良职，行政院由孔祥熙代，军委会加常委几人。

> 这祸真闯得不小！汉卿为人有小聪明，而根基太坏，到如今还不曾成熟，就为小人所误。他的勾结共产党，政府久已知之。七日之夜，咏霓问我此事，我还不信。到今日我才知道他在九月廿九[日]，已有围搜党部之举，原因是党部搜得他勾结共产党之证物。此次他往洛阳，把蒋接到西安，竟下此毒手！
>
> 今天我家中来客不断，都为此事甚焦急。蒋之重要，今日大家更明白了。（同上，第625页）

日记中的"咏霓"，是胡适的好友、已经弃学从政的地质学家翁文灏。他当时是行政院秘书长，为蒋介石的得力助手之一。

到了1950年，胡适又在《史大林策略下的中国》中写道：

> 这个"少帅"张学良，那时正在三十四十岁的中间，是一个因为纵容而变坏的竖子；他的理解力从没有成熟过。生于有钱有势的家庭，他是野心而自负的。因为富于爱国心而且有激烈的反日情绪，他很容易的被救国会派和学生团体所说服，而来支持抗日的游说和示威的工作。南京政府开始接到关于这位在指挥权上仅次于蒋介石的剿匪副总司令以经济资助各种反政府的前茅组织的报告了。他已陷入夜郎自大的地步，幻想他可以成为反日反蒋的"联合阵线"的领袖。（《史达林策略下的中国》第28页，台湾胡适纪念馆1974年再版）

需要说明的是，史大林是斯大林的另一种译法。《史大林策略下的中国》是上世纪50年代初胡适在联合国的讲稿，原稿是用英文写的，发表在美国《外交季刊》上。后来由著名女作家聂华苓译成中文,在台湾《自由中国》问世。1967年尼克松访问台湾时,还特意向胡适纪念馆索要刊有该文的《外交季刊》抽印本。因此,胡夫人江冬秀提议将这个讲稿与另外两篇文章一并付印出版,供大家研究。遗憾的是,如今这个小册子已经很难找到,就连台湾中央研究院胡适纪念馆也没有保存。我手头的这个小册子是2009年我去台湾参加五四运动90周年纪念活动时,在台湾大学附近的一家旧书店淘到的。

总而言之,中国知识分子当年对"九·一八"事变的看法和意见,为后人探索历史真相提供了第一手材料。这些材料应该引我们的注意。

蒋廷黻与西安事变

今年12月12日，是西安事变72周年纪念。72年前，张学良、杨虎臣扣押蒋介石之后，延安曾搭起一个台子，准备通过公开审判处决蒋介石。但是为什么两三天之后，延安方面又要张学良释放蒋介石呢？另外，西安事变之后，为什么张学良要陪同蒋介石返回南京，并从此三缄其口呢？对于这些问题，多年来一直没有令人信服的答案。最近翻阅《蒋廷黻回忆录》，看到苏联当局对西安事变的反应，觉得可以为上述问题提供一些线索和解释。

蒋廷黻（1895——1965），湖南邵阳人。他早年留学美国，是哥伦比亚大学哲学博士。回国后先后在南开大学、清华大学任教，与胡适等人创办《独立评论》。后来经行政院秘书长翁文灏推荐，以学者身份从政，担任行政院政务处长。1936年，他出任中国驻苏联大使，并于11月7日抵达莫斯科。临行前，宋美龄向他表示，蒋介石很想念远在苏联而又杳无音讯的大儿子。这样一来，所谓"家事国事天下事"，就必然会压在他的肩上。

一个多月后，蒋廷黻从广播中听到西安事变的消息后深感震惊。那天午夜，孔祥熙和翁文灏联名发来电报，说根据"空军侦察西安地区的结果，发现张学良已在西安各处升起红旗"。电报要他立即"请求苏联出面协助平安释放委员长。"对于这一指令，蒋廷黻十分为难。他知道苏联当局肯定会拒绝这个请求，否则就等于公开承认这样一个事实：张学良及其同党是听命于苏联的。

第二天一早，《消息报》和《真理报》在显著位置刊登西安事变的消息，并认为这是张学良和汪精卫合作的结果。这让蒋廷黻感到莫名其妙。他知道，汪、张的政治见解根本不同，"汪不惜任何代价换取日本和平，而张则希望立即对日作战。"但是他不知道，由于通讯不畅，在扣押蒋介石的问题上，有关方面并没有向苏联请示。因此才出现这种苏联大水冲了中国龙王庙的局面。不过从这一消息中，蒋廷黻还是发现苏联当局非常反对张学良的行动。

在南京政府的催促下，蒋廷黻只好硬着头皮去拜访苏联外长李维诺夫。他向对方表示："张学良及其同党都很信任苏联"，如果外长能够有所表示，对事变的解决很有帮助。听到这话，李维诺夫立刻挡了回去。他说："苏联政府与张之间没有任何关系；苏方所能做的只有报导事变的真相。"李维诺夫还报怨说，苏联的友善意图非但未被接受，反而招来怀疑。为此，他已命令苏联驻华大使向中国政府提出强硬抗议。

几天后，蒋廷黻再次拜会苏联外长。这一次李维诺夫的表现更加愤激，并再次声称苏联政府与张学良没有任何关系。当蒋廷黻指出"张是第三国际所孕育的统一战线分子"时，他咆哮说："我们不是第三国际的主人。……莫斯科对第三国际的行动不负责任。"面对这种此地无银三百两的谎言，蒋廷黻深感无奈。

西安事变最终是在斯大林导演下解决的。蒋廷黻说当时他并不知情，多年后反思这一事件，他根据自己对苏联的认识得出如下结论：西安事变促成了中日之战提早爆发，这正是苏联所希望的。为什么说苏联希望在中日之间爆发战争呢？因为这一战争消除了日本进攻苏联的可能。相反，如果按照张学良们的想法把蒋介石杀了，就可能让汪精卫上台，从而导致中日两国结盟。这样一来，日本就会进攻苏联。因此出于自身利益的考虑，斯大林对西安事变非常反感，这也是苏联为什么要把张学良与汪精卫等同起来、为什么愿意援助中国抗战的根本原因。西安事变之后，蒋廷黻根据宋美龄的吩咐，通过外交途径把做为人质的蒋经国从苏联要了回来，因此有人说这也是西安事变的一项幕后交易。

1950年，胡适曾经写过一篇长文，标题是《史大林策略下的中国》。该文在谈到西安事变时引用了史沫特莱的话：在蒋委员长一行离开西安后，一群年轻的东北军官和救国会领袖对她说，"我们被骗了：红军劝导少帅释放了蒋氏。"与此同时，文章在介绍一位美国学者对远东形势的分析之后，指出斯大林处理西安事变的策略：尽管"克里姆林宫对日本的恐怖颇感忧虑，但（它）相信蒋介石比起任何高喊着'立刻以武力抵抗日本'的叛乱团体，……能够对日本做更大的抵抗"。胡适说，为了自己的安全，苏联在没有签订任何条约的情况下就把蒋介石笼络了。这是斯大林策略中最"精彩"的一招，也是其政治手腕高明的表现。

胡适对西安事变也持反对态度。他认为在中国出现一个众望所归的领袖很不容易，如果蒋介石发生不幸，中国将会倒退20年。从这个意义上看，张学良发动西安事变是"名为抗敌，实则自坏长城"，是"国家民族之罪人"。据说张学良晚年曾经打破沉默，称自己发动西安事变是"误长官，害朋友，毁部下，莫此为甚"。

著名史学家唐德刚认为：抗日战争固然非打不可，可是它在1937年7月7号开打，却是苏联干预西安事变的直接后果。如果抗日战争能够推迟到1939年欧洲战争爆发之后，整个局势和中国的命运就很可能是另一个模样。由此可见，胡适所谓"西安事变对我们国家的损失无法弥补"的观点，值得注意和研究。

附：蒋廷黻的告别演说

蒋廷黻是一个被非议、被淡忘的人物。近年来他开始受人关注，与他那本五万多字的《中国近代史》有关。该书写于20世纪30年代，50年代以后，因为与主流意识形态不合，这本书成了被批判查禁的对象，直到最近人们才承认，它不仅是中国近代史的开山之作，而且比后来大多数同类著作都要高明。

上世纪30年代，他与翁文灏、吴景超等著名学者弃学从政，进入官场，使他成为备受非议的一个原因。

翁、蒋、吴"出山"（离开学界）后，胡适曾用杨万里"在山作得许多声"的诗句，劝他们回来致力于文化教育工作。蒋廷黻说：我个人的去留无关宏旨，这也未必就是理想的"出山"机会；但我认为，如果非要等到理想的时候再"出山"，"恐怕大势已去矣"。这多少有点"我不下地狱谁下地狱"的况味。他还对胡适说，近来政府没有明显进步，也与我自己无才有关，如果你和丁文江能够入阁，局势一定会向好的方面转变。

学者从政颇具理想色彩，因此必然要遇到许多困难，其中首要的问题是没有经验。进入政界后，蒋廷黻出任驻苏大使。顾维钧在回忆录中援引李石曾的话说，蒋"与苏联当局打交道时，缺乏实际外交经验。"（《顾维钧回忆录》第三分册，第38页）最近读上海古籍出版社去年出版的《清华园感旧录》，看到有一篇《蒋廷黻宦海沉浮录》，也谈到这个问题。该书作者鲲西先生早年就读于清华大学，是吴景超、蒋廷黻的学生。抗日战争胜利后，蒋出任行政院善后救济总署（简称"行总"）署长，他经吴景超介绍到该署工作，因此这篇文章为我们了解蒋廷黻提供了一些很好的材料。

鲲西说："从政的学者是一种新型的官僚，他们有自己的理想与抱负，他们几乎没有任何实际经验进入政界，但也正因为如此，他们的某些作风显然和旧官僚以及那时许多国民党党棍有别。"为了说明这一点，他以蒋氏离职演说为例，可惜作者只记住其中一句话。这个细节让我想起好像在什么地方见过有关报道。经查，这篇报道就在民国三十五年（即1946年）十月十九日出版的第一卷第八期《观察》周刊的"尾页"上。文章不长，不妨照录如下——

　　行署署长蒋廷黻因行政当局之要求，提出辞呈，并于十月五日偕同新署长举行交替仪式。蒋氏曾致简短之别辞如左：

　　今日举行仪式之主要目的，乃在使各位有机会与新署长见面，而在新署长未致词之前，本人愿略致数言，藉表寸心。年来总署及各分署同仁均曾为行总工作之推行而尽最大之努力，并有不少牺牲，余谨此致谢。行总乃一规模宏大之服务机构，故参加行总工作者必以服务精神为本旨，深盼各位去除党派政见之偏见，而继续为人类服务，若新署长欢迎各位继续参加行总工作，则余深盼各位仍本服务精神，安心工作。李副署长曾与余共同计划行总之工作，今渠既受政府任命，自应继续行总之工作。以余个人而言，政府曾赐予以一为人类服务之机会，今日各位既有为人类服务之机，自应不断努力，新署长工作经验较余为多，对行总工作自可胜任，而其成绩定较余为良好。（十月六日申报）

这是在中国所难得读到的一篇好演说：简短、尊严、而有风度。我们重刊这段演说的目的，仅仅是在使我们的读者认识今日中国是如何的需要政治家。一个政治家应当磊落、严肃、无所留恋，并不感情冲动，政治家为人而不为己，为公而不为私，负责任的进，负责任的退。一个政治上的人物，特别在下台的时候，要坦然、宁静、无所怨愤。我们应当提倡这种风度，学习这种风度。

也许是时代的原因吧，当年《观察》编辑推崇的是蒋廷黻光明磊落、坦然宁静的风度，而我却被他那超越党派、超越国界的"为人类服务"的理念所感动。正因为如此，我对所谓"从政的学者是一种新型官僚"的说法不敢苟同。什么是官僚？官僚是高高在上、无视民意、以权谋私、为所欲为的官员，即便冠以"新型"二字，也多有贬损之意。因此我以为还是《观察》的编辑说得好，蒋廷黻是"今日中国……需要的政治家"。这种人多了，官场的丑类才会减少，被视为污泥浊水的官场才可能改变。从这个角度来看，我们对当年学者从政现象应该重新评价。

中国人权运动的历史教训

——读张耀杰《民权保障同盟的暗箱操作》

我与张耀杰未曾谋面,却神交已久。日前,他赠我一本由香港明镜出版社出版的《民权保障同盟的暗箱操作》。读罢该书,有两个感受:一是这本书披露了许多鲜为人知的历史细节,通过这些细节可以让我们重新看到中国现代史的真相;二是该书启发人们思考这样一个问题,中国早期人权运动为什么会昙花一现,其中最大的历史教训是什么?

先谈第一个感受。张耀杰说,他写这本书是因为买到一本译著《走进中国——美国记者的冒险与磨难》,才找到了"重新解读中国历史的一把钥匙"。有了这把钥匙,他多年来积累的资料"才焕发出了潜在的光芒"。因此,他引用了这本书提供的不少材料,其中又以"左联五烈士"最值得关注。"左联五烈士"是一个众所周知的历史事件,这显然与鲁迅的有关文章被选入中学语文教材有关。但是有谁知道,当年与"左联五烈士"一同被捕杀的还有何孟雄等十九位中共党员。为什么包括鲁迅在内的所有知情者都对他们避而不提呢？据说除了这五位烈士是文学青年，可以借以攻击当局外，还有一个见不得人的原因，那就是这些人都是党内斗争的牺牲品，他们被捕杀，是自己人告的密。

众所周知，中国民权保障同盟是一个"党所发动和领导的政治斗争团体"（冯雪峰），"是第三国际下面的'济难会'"（胡愈之）。杨杏佛的儿子杨小佛认为："如果没有党的领导和直接影响，'同盟'的活动不可能（与党）配合得如此紧密"；鲁迅三弟周建人也说："史沫特莱是第三国际的联络员，有她来参加，后面一定有党的推动。"他们之所以强调同盟与"党"即第三国际的关系，是基于这样一种逻辑：凡是党即第三国际领导的就一定正确。既然如此，那么他们的党与第三国际的领袖又如何呢？

在该书第一章，作者讲了这样一件事。早在1927年4月5日，斯大林在克里姆林宫演讲时说过这样的话："蒋介石还在服从命令。……当这些右派被利用完了之后，就将他们像一个柠檬一样挤碎，然后扔掉。"没想到仅仅过了一个星期，蒋介石就发动了"四·一二"政变。斯大林害怕这个演讲成为党内政敌的把柄，便不惜一切代价把它毁掉，包括哈佛大学图书馆也不放过。面对这样一群不择手段的人，就连宋庆龄也对那位名叫罗伊生的美国记者说："你不了解这些人，他们什么事情都做得出来。"

这样就引出我的第二个感受：正因为有这么一群"什么事情都做得出来"的人，所以在他们的控制下，中国民权保障同盟不但没有推动中国人权运动健康发展，反而在一开始就因为有意撒谎、有意作伪而导致分裂和失败。在这一过程中，最关键的就是地下党员刘尊棋所写的那封反映北平政治犯黑暗生活的匿名信。对于匿名信问题，张耀杰在书中论述甚详，他不仅证明地下党员刘尊棋在撒谎，也揭露了宋庆龄和史沫特莱在作伪。我想，这就是他为什么要在书名中使用"暗箱操作"的原因吧。企图以撒谎和作伪的手段来保障人权，这是中国民权保障同盟的悲哀，为后人留下了深刻的教训。

我注意到，薄一波《七十年奋斗与思考》第四章是专门写他在北平草岚子监狱中的斗争的，但是查遍该书，我只是在第七小节"反虐待与绝食斗争"中看到如下记载："反虐待、反摧残的斗争，包括多方面的内容。如反对克扣伙食费，要求下镣（包括给病号下镣、重镣改轻镣、全体下镣等），要求看书看报（凡是市场书店有的书、公开出版的报纸等都允许送、允许买），要求理发、洗澡，要求看病用药，通话，重病号保外就医，等等。临时发生的问题，如无端或制造事故打骂、虐待政治犯，也是斗争的题目。"薄一波是当时北平最主要的政治犯之一，如果刘尊棋匿名信所说的灌辣椒水、针尖刺指甲、猪毛刺尿道以及"鸭儿泅水""打背花条"等酷刑属实的话，作为当事人的薄一波在几十年后怎会避而不提呢？这本书也从反面证明刘尊棋是撒了谎。

诚实还是虚妄，求真还是作伪，是衡量一个人或一个组织的试金石，也是改良与革命（包括所谓改革）的根本区别所在。胡适之所以对同盟的所作所为非常反感，就是基于这样一种判断。因此他在接受《字林西报》的采访时强调："改良不能以虚构事实为依据"。表面上以宋庆龄为首、实际上有人在幕后操纵的中国民权保障同盟要开除胡适会籍，主要是因为胡适揭露了他们在撒谎作伪。这也说明他们要坚持错误。

不久，中国民权保障同盟因为杨杏佛被暗杀而停止活动。关于这一事件，大家都认为是蓝衣社特务干的，张耀杰也采信这一说法。但是在没有确凿的证据之前，我对这类事情还是持怀疑态度。我注意到，凶手之一被自己人误伤后，居然会拔枪自杀，经抢救后也对事情的真相守口如瓶。按照我所接受的教育，他更像一位共产主义战士，而不像一个国民党特务。在中国现代史上，类似的事件还有很多，比如仅仅在抗日战争胜利后的1946年，知识界就出现了轰动全国的李公仆被杀、闻一多遇难、费巩失踪、沈崇被强奸等重大案件。按照常识，经过八年浴血奋战，无论是统治当局还是普通百姓，都希望国家能够进入一个和平建设的新时代。于是人们不禁要问，既然如此，蒋介石为什么要给自己添乱呢？假如他真想大开杀戒，重燃战火，何不把毛泽东或周恩来杀掉更简单、更省事？可见对于现代史上的许多事情，都需要重新审定。

前面说过，宋庆龄有言："你不了解这些人，他们什么事情都做得出来。"如果这话不假，那么宋庆龄就是明明知道这些人无耻，却要与他们同流合污。这也是她的可悲之处。关于宋庆龄的政治面貌及其选择，是一个比较复杂的问题。公开的说法是宋氏在弥留之际才被中共中央批准入党，当邓小平亲自上门祝贺时，她已经不能说话了。但是根据杨奎松等人的研究，宋庆龄至少在上世纪30年代初就已经是第三国际的地下党员了。搞清楚宋庆龄的政治面貌，而不是仅仅把她当作孙中山的遗孀，对于研究中国民权保障同盟以及中国现代史非常重要。

说到这里，我更觉得我和几位朋友在《思想操练》（广东人民出版社2004年1月出版）一书中表达的"重写中国现代史"的观点非常重要。长期以来，中国历史、特别是中国近现代史研究在意识形态的控制下，早已丧失了它的正常功能，成为少数人歪曲事实真相、钳制思想自由、推行愚民教育、维护一党专制的工具。我经常想，假如投靠日本人的汪精卫是无耻汉奸的话，那么这些仰承苏联鼻息，唯斯大林之命是从的人又是什么呢？然而想归想，要澄清中国现代史上的许多糊涂账并不容易。从这个角度看，张耀杰的《民权保障同盟的暗箱操作》，实在是重写中国现代史的一个可喜尝试。遗憾的是这种好书只能在香港出版，这就使它的读者面受到很大限制。因此，让这类书能与广大的大陆读者见面，是我们共同的期待。

王芸生与毛泽东

抗日战争胜利之后，举国上下一片欢腾，《大公报》主笔王芸生也同大家一样，难以抑制那漫卷诗书喜欲狂的心情。与此同时，他也清醒地看到，内战的危机早已露出端倪，而要想解决这个问题，只有"民主宪政是一条坦途"。为此，他在日本刚一投降就提醒人们："国民党既决心还政于民，国民政府也准备结束训政，民主宪政的实现，应该是水到渠成的事了。"（《日本投降了》，《大公报》1945年8月16日）十几天后，国共两党在重庆举行和平谈判，当他看到毛泽东在机场的书面谈话中表示，此行的目的是为了"保证国内和平，实施民主政治，巩固国内团结"时，也按捺不住内心的喜悦，写下《毛泽东先生来了！》的社评。他预言：经过长期内争和八年抗战，毛、蒋"一旦重新握手，真是一幕空前的大团圆"的结局。可见他多么希望通过民主宪政来实现国内和平！

重庆谈判时期，《大公报》以民间大报的身份曾与中共代表团有过多次接触。据说在代表团造访报社的时候,王芸生天真地对毛泽东说:"希望国共继续合作,不要另起炉灶。"毛含笑答道:"不是我们要另起炉灶,是人家的锅里不许我们造饭呀!"(王之芙《忆父亲王芸生》,《大公报人忆旧》第298页,中国文史出版社1991年版)

此后不久,毛泽东的《沁园春·雪》在重庆公开发表。为此,王芸生曾给傅斯年写过一封短信:"孟真先生:日前之晤,承问笑话,忘记谈一事,即毛泽东近作之沁园春也。特另纸录陈,以见此人满脑子什么思想也。"(《傅斯年文物资料选辑》第216页,台湾傅斯年先生百龄纪念筹备会印行)

这时,王芸生看到了内战已经不可避免,于是他在重庆《大公报》发表一篇长文——《我对中国历史的一种看法》。文章说:"中国历史上打天下,争正统,严格讲来,皆是争统治人民,杀人流血,根本与人民的意思不相干。胜利了的,为秦皇汉高,为唐宗宋祖;失败了的,为项羽、为王世充窦建德。若使失败者反为胜利者,他们也一样高据皇位,凌驾万民、发号施令,作威作福,或者更甚。……"为标明自己的写作旨趣,王在"补识"中说:"这篇文章,早已写好。旋以抗战胜利到来,国内外大事纷纷,遂将此文置于箱底。……近见今人述怀之作,还看见了'秦皇汉武'、'唐宗宋祖'的比量。因此觉得我这篇斥复古破迷信并反帝王思想的文章还值得拿出来与人见面。"

王芸生之所以如此敏感,还与他对言论自由和新闻独立的理解有关。在此前后,他写过一系列呼吁言论自由、新闻独立的文章。他说:"我们建议政府要做一件事,就是:取消新闻检查,开放言论自由"(《政府可以先做一件事》,《大公报》1946年9月1日);"言论与发表的自由，是人民的基本权利之一，宪法例有保障的规定。出版法的立意，乃在限制言论与发表的自由，这与保障民权的精神是不合的"（《由新民报停刊谈出版法》，《大公报》1948年7月10日）。他还说："所谓言论自由，所谓新闻自由，在中国原来是极可怜的东西，也是极宝贵的东西。它可怜，因为它太少了；它宝贵，因为它从来未曾真正有过……新闻检查这东西，是与言论出版自由不两立的，有新闻检查，就没有言论出版自由；要出版言论自由，就不能要新闻检查。"他认为，新闻检查的"后果是：领袖神圣化，只闻谀词，身入云端；政府一切好，绝对无错，……于是久而久之（便）陷于腐化无能"（中外名记者丛书：《王芸生》第66至67页，人民日报出版社1996年版）。可悲的是，批判的武器往往不如武器的批判，在那"枪杆子里出政权"的年代，这些书生之见总是显得少气无力。

由于《大公报》与国民党当局在言论自由方面的矛盾日益尖锐，更由于战争的局面日趋明朗，王芸生陷入了苦闷的彷徨之中。正在这时，该报驻美国特派记者杨刚突然回到上海，帮助他做了最后的选择。

杨刚是中共地下党员，她虽然与王芸生交往不多，却一回来就住进王公馆里，这也说明她肩负着特殊的使命。与此同时，另一位《大公报》的地下党员李纯青也反复做过王的工作，据李说：1948年仲冬，我好几度登王公馆之门，跟他深入谈心，劝他去找共产党，却被他以"共产党不会要我这样的人"为理由而拒绝。

不久，我又去拜望王芸生，极其郑重地向他提出："王先生，有人要我正式通知你，邀请你参加新政协会议。"

他惊愕地直视着我，一种绝处逢生的狂喜从心头冲到颜面，露出抑制不住的笑容。不一会又镇静下来，轻轻地问："你说，是谁邀请我的？"

"毛泽东主席"。我不犹豫地直说。

他沉默良久，虽然不相信我的话。以后我知道，他另外曾向某民主人士打听，证实吾言不虚。然后王芸生向我表示："甘愿接受共产党的领导，包括我本人和我所能代表的大公报。"（《大公报人忆旧》第319页）

于是，王芸生在中共地下组织的安排下，以休假为名，经台湾去了香港，然后又由香港到达北平。在此期间，王芸生最关心的莫过于《大公报》那薄薄的一纸命运了。据李纯青回忆："1949年2月我离开香港。行前，获悉天津"大公报"改名"进步日报"，王芸生闻讯懊丧，要我到北平力争存名。王芸生到北平后，一度去过天津。他告诉我：'我们就是把大公报献给国家，献给人民。我想通了，不要大公报这个名称了。我到解放区，是投诚来的'。"（同上，第320页）

然而，王芸生真是想通了吗？只要看一看李纯青下面这段话，就不言而喻了。

上海解放前夕，我从天津到北平遇见王芸生，他精神抖擞，把我拉到一边，说："周公（恩来）告诉我：《大公报》不必改名了。你随军南下，继续主持上海《大公报》。大公报还是民间报纸，你们自己经营，我们不来干预。当然，有困难我们还是要帮助的。"（笔耕五十年第535页，三联书店1994年版）

诚如"周公"所言,当王芸生兴致勃勃返回上海时,他确实遇到了始料未及的"困难"。在这些困难中,如果说让他做出深刻检查,承认《大公报》在每个历史阶段"基本上都站在反动方面"(《大公报新生宣言》,1949年6月17日),并要他完全采用一套新的价值观念和新的表达体系,他还可以勉强接受的活;那么面对经营方面的困难,他却束手无策了。自1949年到1952年,《大公报》的发行量从16万份急剧下降到6万多份,广告收入减少了60%,账面亏损达到40多亿元(旧币),就连职工的工资也发不出去了。这与该报多年来蒸蒸日上的情景形成鲜明对照。于是,王芸生不得不致信毛泽东,请求"帮助"。不久,王应召晋京谒见毛泽东,毛指示上海《大公报》迁往天津,与《进步日报》合并,改为重点报道财经新闻的全国性报纸,这时,距英敛之创办《大公报》正好是整整50个年头。也就是说,《大公报》经历了半个世纪的风雨历程后,终于被彻底改造了。

　　与此同时,王芸生也好象变了。在那些特殊的岁月,他以阶级斗争的理论为武器,不断地反省、检讨、自责、自污,并积极参加政协组织的学习以及各种社会活动。即便如此,那沉重的历史包袱仍然使他如临如履,战战兢兢。例如五十年代初期,梁漱溟在国务会议上与毛泽东发生顶撞,毛在盛怒之余,还敲山震虎地指出:当年有人说不要我们另起炉灶⋯⋯。吓得王芸生赶快从座位上站了起来,胆战心惊地当众承认:"这话是我说的。"(《王芸生》第72页)

　　写到这里,我在为他捏一把汗的同时,又有些庆幸:幸亏老毛不知道他给傅斯年写的那封信,否则后果不堪设想。

　　另据王先生的女儿王之芙回忆,1957年反右运动期间,她亲眼目睹了父亲被点名批判的残酷场面。尽管后来被毛泽东保了下来，没有划成右派，但是"这场斗争对父亲身心的损害是很大的。他为自己在检查中不得不涉及到老朋友而深感内疚，长时间闷闷不乐而得了糖尿病。"从此以后，王芸生就再也没有过问《大公报》的事情。（《大公报人忆旧》第301至302页）

有意思的是，王先生晚年时，曾经在读马列学毛著方面下了很大功夫，与别人谈到有关问题时，"他可以顺口指出这问题在哪本书的哪章哪页上有记载，甚至对重要语录能够背诵原文。"尤其不可思议的是，及至病危，他还"几次嘱家人邀请医院中左邻右舍病友开学习会"，家人无奈，"只好邀几位医护人员到他的病榻前听他发言。"（《王芸生》第79至80页）这真是有些不可思议。后来我有幸与王芸生之子王芝琛相识，他告诉我，他的父亲在临终前之所以如此，是想告诉人们，中国为什么会有那么多的灾难……

侯外庐与晏阳初

抗日战争时期，侯外庐和晏阳初在重庆郊外的白鹤林做过一年多邻居。白鹤林地处北碚附近的歇马场一带，是个山青水秀、风景宜人的地方，用侯外庐的话说，"这里简直像神话中的仙境"。当时，侯是《中苏文化》的主编，并参与中苏文化学院的筹备工作。《中苏文化》是中苏友协的机关刊物，它名义上归孙科、陈立夫领导，实际上由王昆仑控制，是与《新华日报》相呼应的一个亲苏的宣传阵地。为了筹建中苏文化学院，侯外庐选择白鹤林的"冯家大洋房"作为学院院址。后来学院未能建成，这所楼房就成了他们的宿舍。一开始，侯外庐住一层，王昆仑住二层，三层是协会的"堆书点"。不久，晏阳初经孙科介绍也搬进来，侯便挪到三层，把一层让给他住。

对于这段经历，侯外庐在《韧的追求》中略有描述。他说，晏阳初刚搬来时，由于有了玩耍的伙伴，他的孩子们异常高兴。但不久他们就失望了，因为晏不许两家的孩子来往。尽管如此，孩子们还是偷偷地建立了友谊。相比之下,两个大人却没有孩子们那份单纯和天真。侯外庐坦陈:他们的关系近乎滑稽,两个人虽然住在同一幢大楼,却仿佛有一种默契似的,从来"不曾有一次正面相遇的机会,不曾有过一回颔首之谊。"

俗话说"远亲不如近邻",作为文化人,他们在战争中能在这样一个世外桃园中比邻而居,也是一种缘份。没想到两人的关系却紧张、尴尬到如此地步。这是为什么呢?在局外人看来,也许是侯在住房问题上感到委屈;但是据侯外庐说,他们之所以成缘悭一面的邻居,是因为对方的"生活标准、格调是远离老百姓的"。这说法恐怕不大符合实际。晏阳初的生活水准与普通老百姓是有距离,比如他家雇着两三个佣人,他在家里很少说中国话、吃中国饭等等。不过,雇佣人在当年的文化人中十分普遍,至于说话吃饭方面的习惯,也不是什么"数典忘祖",而是出于对美国妻子的尊重。另外,晏阳初留学归来后就以"扫文盲、作新民"为宗旨,致力于平民教育和乡村建设。为此,他曾在河北定县建立实验基地,带领全家和一批知名学者迁居农村,与农民打成一片,形成了引人瞩目的"博士下乡"现象。这怎么能说是远离老百姓呢?值得一提的是,在白鹤林期间,有个农民不慎落水,晏太太还跳入湍急的河水中将他救起。可见所谓"远离老百姓"云云,恐怕是另有所指。

在这方面,书中有所披露。侯外庐说:"晏阳初认为,中国之大患,不在帝国主义的政治、经济乃至文化侵略,而在国民多患'贫弱愚私'等病。"他还说,晏往往不以中国人的立场来分析中国问题,他在乡村中推行的平民教育,也不是为了老百姓的利益;他的乌托邦幻想,得到了国民党政府的优惠和美国人的赞助。可见思想认识和政治见解上的分歧，以及所谓亲苏、亲美立场，才是二人关系紧张，以至于虽住同一楼房，却又形同陌路的真正原因。

人与人在思想认识上存在分歧，本来是很正常的事。问题是应该如何对待这些分歧。平心而论，晏阳初所搞的平民教育本来是一件利国利民的事，但是就因为上述分歧，到了1949年以后，他竟然在国内失去立足之地。前不久，我在电视中再次看到南方某城市两位年轻人到吕梁山区扶贫教书的消息。钦佩之余，又觉得他们虽有晏阳初的情怀，却远远不能与其规模和影响相比。晏是1990年在美国去世的，早在1943年，他就与爱因斯坦一同被评为"具有革命性贡献的世界伟人"。所以我想，假如他的事业能够顺利进行的话，如今的青年肯定会干得更好；至少，他们可以站在巨人肩上，避免重复前人的足迹。

1947年前后的民生问题

1947年是决定中国命运的一年。这一年元旦,由国民大会通过的《中华民国宪法》正式颁布,它意味着国民党即将结束一党专制,并开始推行民主宪政。但是,这次大会遭到中共的坚决抵制,这部宪法也遭到其强烈反对。与此同时,国共两党在江苏、山东乃至东北等地的军事冲突愈演愈烈,从而使老百姓的生存受到严重威胁。对于这种情况,各路媒体都有报道,其中又以《群众》(周刊)较为突出。

《群众》是第二次国共合作时期中共在所谓国统区公开出版的一个理论刊物。它1937年创刊于武汉,1938年跟随国民政府迁至重庆,与《新华日报》一道归周恩来领导。抗日战争胜利后,它于1946年迁到上海。1947年年初,因为预料到即将被国民政府查封,又转移到香港。1949年10月新中国成立以后,因历史使命已经完成,遂自动停刊。

《群众》转移到香港后,为了配合内战的需要,发表了一系列抨击国民党政策、宣传国统区黑暗的文章。比如在1947年5月15日出版的第16期上，有一篇文章的标题是《生存斗争的新浪潮》，其中就有一些具体的数据。文章说："四月份以来，米价的高涨，严重的威胁着每个家庭每个人的生活。一月底还是六万元一担的白粳，现在已经涨到三十五万元了。三个月就涨了六倍。"为什么会出现这种情况呢？文章引用《大公报》记者的报道说，上海总仓库负责人曾经明确表示："我们存粮很多很多，足够上海四五个月的消费"。但由于这些库存粮食大多数是军粮而不是民用，所以就出现了上述情况。与此同时，该文章还引用《华商报》的说法来形容当时的局面："各地粮价上涨如飞，涨势之猛，为近半年所未见。"（《群众》影印本第11卷373页，中国和平出版社1989年出版）

随着米价上涨，各种物品的价格也一路飙升。相比之下，民众的收入却没有增加。为了生存下去，上海、南京、无锡、芜湖、宣城、成都、北平、保定、蚌埠等地出现了抢米事件。与此同时，工人罢工、教师请愿、市民游行也此起彼伏，遍布全国各地（同上，第376-377页）。

如果说米价飞涨已经严重影响到市民日常生活的话，那么在生产粮食的农村总会好一点吧？然而事实并非如此！

在同一期《群众》上还有一篇文章反映了当时的情况。该文的标题是《残酷压榨下的农村》，其中分"征粮·征实"和"高利贷"两大部分。文章说，从1945年下半年到1946年上半年，农村先后有征收军粮、暂借军粮、公路修整费、电杆费、自卫经费、保甲捐等摊派。这些摊派加在一起，远远超过了田赋征收的数额。为了进一步说明这个问题，文章对湖南邵阳县永和乡一家小地主作了分析。这个家庭共有11口人，35亩地，能收租60石上下。如果不遇荒年而且节省一点的话，是能够维持温饱的。但是这个家庭除了田赋以外，还要交纳军粮9石6斗，暂借军粮5石4斗，征购军粮7石3斗，自卫经费每月5斗6升，修整公路费13500元，电杆费27300元，保甲捐每月1200元。因此文章得出如下结论："这就是为什么今天国民党统治区的民变是这样汹涌澎湃"的根本原因（同上，第378-379页）。

由于负担太重，许多农民不得不寅吃卯粮，靠借贷度日，因此农村的高利贷十分猖獗。据说从1946年3月开始，邵阳地区的高利贷是"大加一"，即每借到1万元，1天就要向债主支付100元利息。也就是说，如果农民向债主借1万元的话，到了3个月头上，连本带利就要还债主2万元。到后来，因为需求旺盛，高利贷涨到"大加三"，即每借1万元1天就要支付300元利息。如果农民向债主借1万元，到了1个月头上，连本带利就是2万元了。即便如此，要想借高利贷还必须有关系和担保，否则是不可能借到的。

除了借钱之外，农村中还流行借谷。根据约定俗成的游戏规则，在春天青黄不接时每借谷3斗，到了秋后要还1石。由于春季的谷价要比秋后的谷价高得多，所以它的利息比借钱要重得多。但是为了活命，许多农民只好咬紧牙关走这条路。因此文章在结尾时写道："饥饿和死亡的威胁，把农村投入混乱的，动荡不安的局面中，这种骚动的程度是一天一天更加厉害起来了。"（同上，第379页）

对于上述情况，《观察》的主编储安平也有评论。他在当年5月24日出版的《观察》上撰文说："一个局面的趋向瓦解，总由政治腐败民不聊生所致。……近一月来泛滥全国的米潮和学潮，无不表现当前局面之岌岌不可终日。"他还在嘲讽中非常担忧地指出:"张群内阁一上台,物价就抢先贺喜。米价在半个多月内陡涨至一倍以上。上海、杭州、无锡、芜湖、宣城、合肥、吴兴、衢县、以及远至四川的成都,无不有抢米风潮;甚至堂堂首都,亦竟不免。孑孑小民,不惜冒一死以挣扎其生命,这说明民间疾苦已经严重到什么地步!抢米行为不限一地,竟然成为一种全国性普遍现象,这说明我们的国家已经乱到什么程度!"难怪他在文章一开头就作出如下判断:"大局浮动到了极点。到处不安,到处忧惧。旧局面正在瓦解之中"。

中国为什么会乱到这种程度?这种混乱到底对谁有利?早已不言而喻!

壹嘉出版书目

百年旧梦　智效民 著
  人文历史读本
  简体平装本，定价：$19.99
  2010年度国家图书馆文津图书奖得主作品
  解读国人百年"中国梦"

写在汉学边上　陈毓贤 著
  人文历史读本
  繁体精装本，定价：$25.89
  2013年度中国中央电视台"中国好书奖"得主作品
  "汉学票友"讲述美国汉学与汉学家，以及胡适、赵元任、洪业等中国学者

美国，还有梦吗？　阙维杭 著
  时政评论
  简体平装本，定价：$13.99
  原《侨报》主编多年观察结集
  全面了解今日美国好读本

From Shanghai to The United Nations　by Jack Chieh-Sheng Ling
  自传
  简体平装本，定价：$15.99
  从上海法租界到联合国总部
  首位华人联合国高官记录一生经历

繁枝　陈谦著
  小说
  简体平装本，定价：$9.99
  荣获2012年度人民文学奖、2012-2013年度中国优秀中篇小说奖，入选2012年度中国小说学会排行榜的优秀作品

重瓣女人花 曾晓文 著

小说集

简体平装本，定价：$12.99

台湾"联合报系"文学奖获得者作品，含2009年度中国小说排行榜上榜作品

多重视角描写移民女性情感生活

慰藉 张慈 著

作品集

简体平装本，定价：$9.99

文学、影视双栖作家，汉新文学奖、旧金山世界独立电影节最佳纪录片奖获得者作品

收入多篇获奖作品

沙捞越战事 陈河 著

长篇小说

简体电子版，定价：$7.59

郁达夫文学奖得主

以真实人物为原型，挖掘加拿大华人二战参战传奇历史

壹嘉出版优质图书

可在amazon.com以及壹嘉出版官网www.1plusbooks.com购买

欢迎访问、选购